齋《さい》藤《とう》孝《たかし》の「負《ま》けない!」シリーズ①

勉《べん》強《きょう》って しなくちゃダメ?

著　:齋藤孝
マンガ:いぢちひろゆき

PHP

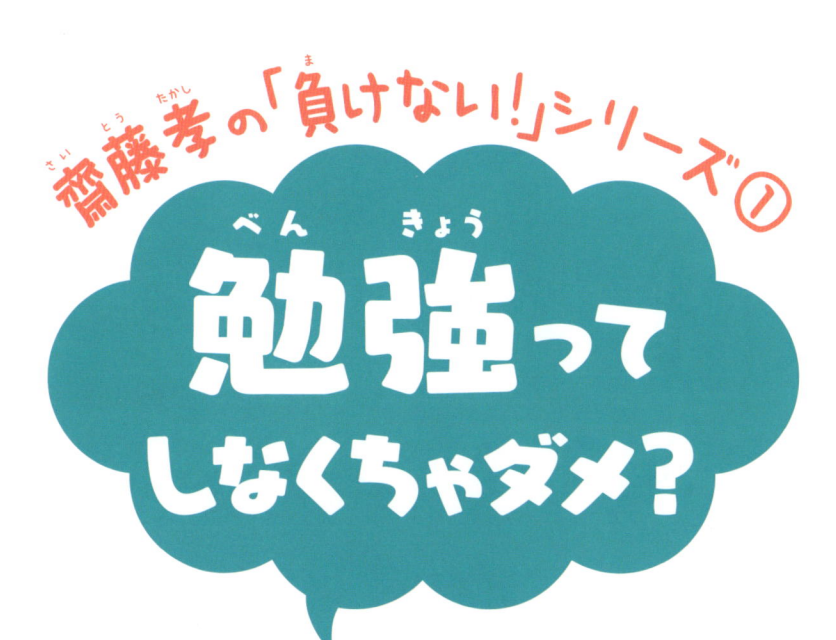

はじめに

「齋藤孝《さいとうたかし》の『負《ま》けない！』シリーズ」では、きみたちがかかえるなやみや問題《もんだい》を解決《かいけつ》するための方法《ほうほう》を、マンガを通《とお》して楽《たの》しく解説《かいせつ》しています。

1巻目《かんめ》となる本書《ほんしょ》のテーマは「勉強《べんきょう》」。子《こ》どもにとっては大問題《だいもんだい》だね。

今《いま》では日本《にほん》に生《う》まれたすべての子《こ》どもに、教育《きょういく》を受《う》ける機会《きかい》があたえられていますが、昔《むかし》は身分《みぶん》の高《たか》い家《いえ》やお金持《かねも》ちの家《いえ》の子《こ》どもしか勉強《べんきょう》することはゆるされませんでした。いくら勉強《べんきょう》したいと思《おも》っても、多《おお》くの子《こ》どもたちは家《いえ》の仕事《しごと》を手伝《てつだ》う大事《だいじ》な働《はたら》き手《て》で、そんな余裕《よゆう》はなかったのです。

それでも、人《ひと》は働《はたら》くなかで「どうすればたくさん米《こめ》がとれるか」「何《なに》を作《つく》ればみんなが喜《よろこ》ぶか」など、多《おお》くを学《まな》びながら生《い》きてきました。これは今《いま》も同《おな》じで、大人《おとな》たちは学《まな》びながら仕事《しごと》をしています。

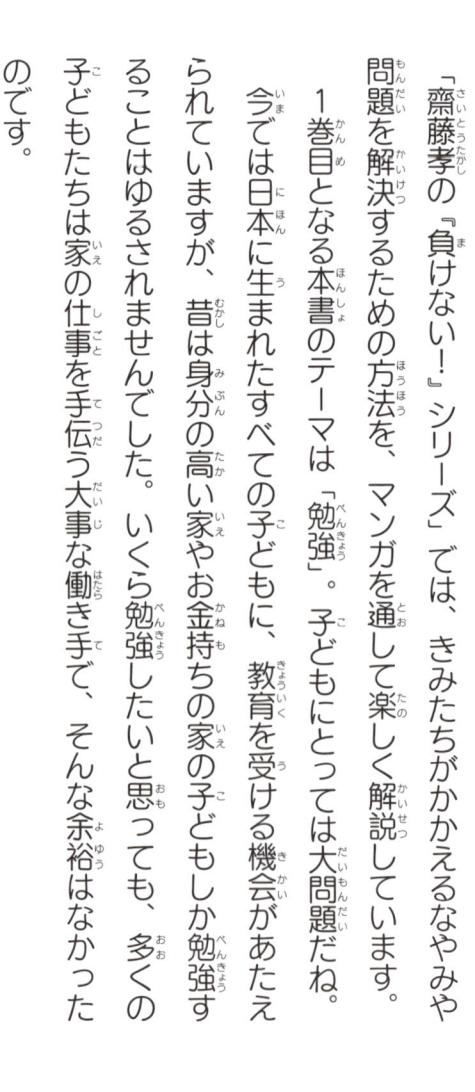

つまり今《いま》も昔《むかし》も、人《ひと》が「学《まな》ぶこと」は、「生《い》きること」そのものなのです。でも、生《い》きるために国語《こくご》や算数《さんすう》、理科《りか》、社会《しゃかい》の勉強《べんきょう》が本当《ほんとう》に必要《ひつよう》なのか疑問《ぎもん》に思《おも》う人《ひと》もいるよね。それがどうつながっていくかは、ぜひこの本《ほん》を読《よ》んで確《たし》かめてください。

マンガの中《なか》で示《しめ》した方法《ほうほう》は、あくまでも問題《もんだい》を解決《かいけつ》するための「考《かんが》えるヒント」です。この先《さき》、きみたちにはもっとむずかしい問題《もんだい》が、大《おお》きな壁《かべ》となって立《た》ちふさがることがあります。

そんなとき、「負《ま》けない！」という心《こころ》で、自分《じぶん》の頭《あたま》でモノを考《かんが》え、自《じ》分《ぶん》の力《ちから》で目《め》の前《まえ》の問題《もんだい》を解決《かいけつ》していける大人《おとな》になってもらう手助《てだす》けになればと思《おも》い、このシリーズをつくりました。

この本《ほん》がきっかけとなり、学《まな》べることのありがたさ、学《まな》ぶことの大切《たいせつ》さ、そして何《なに》より、学《まな》ぶことの楽《たの》しさに気《き》づいてもらえるとうれしく思《おも》います。

齋藤《さいとう》 孝《たかし》

もくじ

第《だい》3章《しょう》 学習方法《がくしゅうほうほう》を工夫《くふう》してみよう！

第《だい》4章《しょう》 どうして勉強《べんきょう》しなきゃいけないの？

登場人物《とうじょうじんぶつ》しょうかい

カチボシ星《せい》

カチボシ星《せい》から地球《ちきゅう》へ…。
地球《ちきゅう》から何万光年《なんまんこうねん》と遠《とお》く離《はな》れた「カチボシ星《せい》」。
カチボシ星人《せいじん》は、宇宙《うちゅう》の平和《へいわ》を守《まも》るために、
日夜《にちや》、パトロールをしている。
ある日《ひ》、地球《ちきゅう》の日本《にほん》を担当《たんとう》するカチボシ星人《せいじん》たちは、
地球《ちきゅう》へとやってくる。その理由《りゆう》は、「子《こ》どもたちのなやみ」。
カチボシ星人《せいじん》は、子《こ》どもたちのなやみを解決《かいけつ》するため、
さまざまな方法《ほうほう》を教《おし》えていく──。

マナビー

ケントたちのなやみを解決《かいけつ》するために、カチボシ星《せい》からやってきた優秀《ゆうしゅう》な宇宙人《うちゅうじん》。

真鍋賢人（マナベ・ケント）

この本《ほん》の主人公《しゅじんこう》。小学《しょうがく》 4年生《ねんせい》。成績《せいせき》は中《ちゅう》くらいだが、最近下《さいきんさ》がりぎみ。根《ね》はまじめ（？）なため、なやんでいる。生《い》き物《もの》が大好《だいす》き。

ケントの学校《がっこう》の先生《せんせい》と友《とも》だち

熱田先生（あつたせんせい）

ケントたちの担任《たんにん》。生徒《せいと》たちからしたわれている熱血教師《ねっけつきょうし》。

理子（リコ）

ケントのクラスのマドンナ。ケントやオサムと仲良《なかよ》し。名前《なまえ》のとおりお利口《りこう》で勉強《べんきょう》が得意《とくい》。将来《しょうらい》の夢《ゆめ》はファッションデザイナー。

修（オサム）

ケントのクラスメイトで親友《しんゆう》。成績《せいせき》は中《ちゅう》くらいで、国語《こくご》が得意《とくい》。マナビーと出会《であ》って、ケントとともに勉強《べんきょう》をはじめる。

ケントの家族《かぞく》（真鍋家《まなべけ》の人《ひと》びと）

賢太（ケンタ）

ケントのかわいい弟《おとうと》。お調子者《ちょうしもの》で、泣《な》き虫《むし》。お兄《にい》ちゃんが大好《だいす》き。

丸代（マルヨ）

ケントのお母《かあ》さん。口《くち》うるさいが、ケントのことをいちばん心配《しんぱい》している。

聡（サトシ）

ケントのお父《とう》さん。やさしくて、子《こ》どもたちにちょっとあまい。

プロローグ

ケント
明日《あした》漢字《かんじ》テストだ…
漢字練習
4
よーし
やるぞーっ!!
うおーーっ
3分後《ぷんご》ー
ねた
グガ〜

ケント、漢字《かんじ》の勉強《べんきょう》、少《すこ》しはできたの？
お母《かあ》さん
ガバッ
す、少《すこ》し…
どれどれ
パラパラ
漢字練習
ナニこれ
「春《はる》」から始《はじ》めて「秋《あき》」で終《お》わってるじゃない！
春
夏
秋
冬
あきました！
言うとる場合《ばあい》か
って

プンプン
ちゃんと夕《ゆう》ごはんまでには終《お》わらせるのよ!!
ハーイ
あーめんどくせー
オレ頭悪《あたまわる》いし勉強《べんきょう》やってもどーせできないよ…
そんなことはないよ!!
ゴトゴト
何《なに》!?

やあ!! ぼくはマナビー!!
ピョコ
わー 何《なん》か出《で》てきた!
パカッ
カチボシ星《せい》からやってきた宇宙人《うちゅうじん》で…
ちょっぴり巨大化《きょだいか》!
ぬう〜
ヨイショ
キラ
キラ
きみが勉強《べんきょう》をできるようになるための
手伝《てつだ》いをしにきたんだよ!!
ダメだ!!
勉強《べんきょう》しすぎのストレスでヘンなものが見《み》えはじめた!!
ゴシ
ゴシ
…って3分《ぷん》しかやってないだろー

宇宙人《うちゅうじん》がオレを勉強《べんきょう》ができるようにするってことは…
ガクガク
ゆうかいして頭《あたま》に何《なに》かうめこむ人体実験《じんたいじっけん》とかするんだな！
ビビビビビビビ
ビビビビ
47235x
623=
2942
7405
いたくないようにやってください
ペコリ
そんなことしないよ！
さっききみは「頭《あたま》が悪《わる》いから勉強《べんきょう》ができない」って言《い》ってたけど
そんなふうに決《き》めつけるのはよくない!! 頭《あたま》の良《よ》し悪《あ》しなんか関係《かんけい》ないよ！

コツさえつかめば勉強《べんきょう》はできるし
できれば楽《たの》しいから
どんどん好《す》きになる!
社会④
理科④
ピョン
ピョン
ぼくはそのことを教《おし》えにきたんだよ
さっきから聞《き》いてましたが、うちの子《こ》に勉強《べんきょう》を教《おし》えてくださるそうで
この際《さい》、宇宙人《うちゅうじん》でもロボットでもなんでもいいんでよろしくお願《ねが》いしますー
もーウチの子ほんとにべんきょうニガテで…ペラペラペラ
お母《かあ》さんうるさい…
じゃあ、さっそくド○えもんみたいに秘密道具《ひみつどうぐ》を出《だ》してよ

じゃあ…このえんぴつをあげよう!!
パッ
この「2B《ビー》」っていうのは、「2倍勉強《ばいべんきょう》ができるようになる」っていう意味《いみ》だよ!
2B
スゲーーー
ごめん、ただの2B《ビー》だよ
信《しん》じないで!
2B
よーし、これで2倍勉強《ばいべんきょう》ができるようになるぞ!!
イエーーイ
まあいっか。とりあえずやる気《き》になったようだし…

第《だい》1章《しょう》

どうすればやる気《き》になるんだろう？

やる気《き》キーワードは「感動《かんどう》」と「習熟《しゅうじゅく》」

でも、いざ勉強《べんきょう》に取《と》りかかろうと思《おも》うとやる気《き》が出《で》ない…
クルッ
それ、何《なに》やってるの？
クルッ
これ？
ペン回《まわ》しだよ
クルッ
シュタッ
何《なん》の意味《いみ》があるの？
そう言《い》われても…とくにないです
すいません…
前《まえ》にユーチューブでペン回《まわ》しの動画《どうが》を見《み》て、スゲーと思《おも》って
毎日《まいにち》やってたらできるようになったんだよね！
今《いま》では逆回《ぎゃくまわ》しもできます
クルクル

それだーっ!
それって…
このえんぴつ?
やっぱ2B…
じゃなくて!!
やる気《き》のキーワードは…
頭書道《あたましょどう》
サラサラ〜
習熟
四年一組マナビー
感動
サラサラ〜
カンドーとシュージュク!!
カンドーシュージュク?
宇宙語《うちゅうご》で言《い》われてもよくわからーん
日《に》本《ほん》語《ご》だよ!

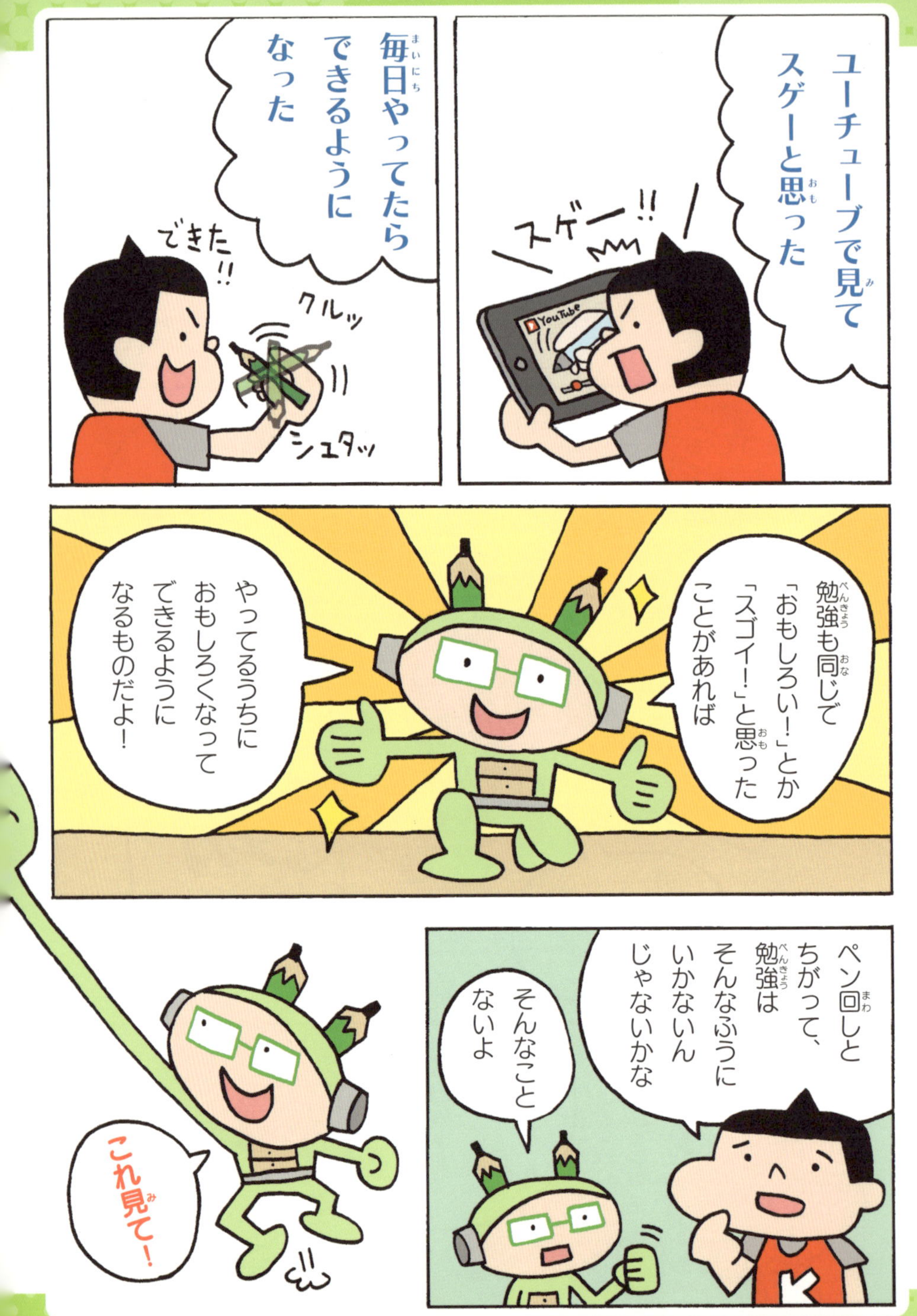

ユーチューブで見《み》て
スゲーと思《おも》った
スゲー!!
毎日《まいにち》やってたら
できるように
なった
できた!!
クルッ
シュタッ
勉強《べんきょう》も同《おな》じで
「おもしろい!」とか
「スゴイ!」と思《おも》った
ことがあれば
やってるうちに
おもしろくなって
できるように
なるものだよ!
ペン回《まわ》しと
ちがって、
勉強《べんきょう》は
そんなふうに
いかないいん
じゃないかな
そんなこと
ないよ
これ見《み》て!

好《す》きとできるの関係《かんけい》

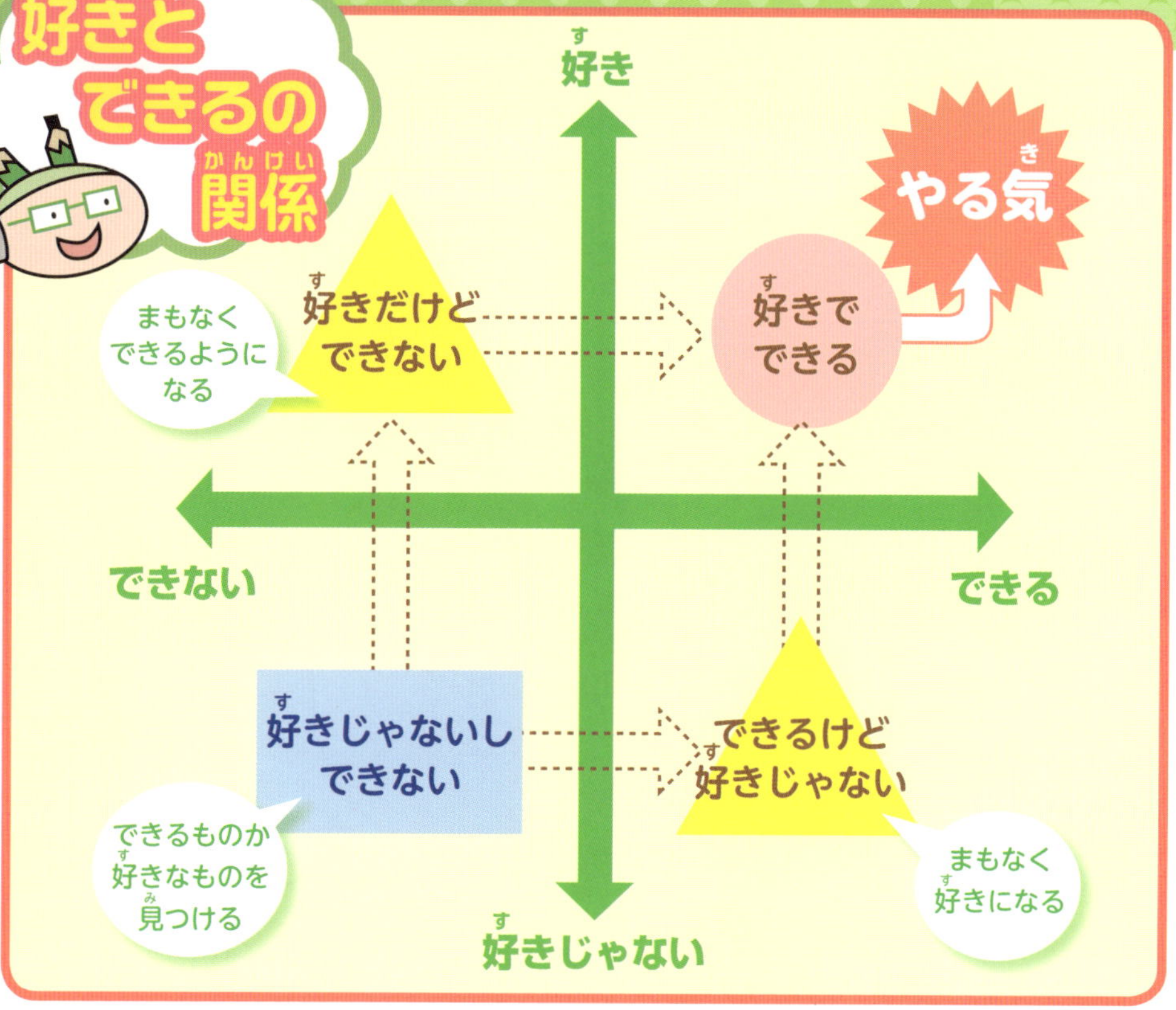

やる気《き》のポイントは勉強《べんきょう》の「分解《ぶんかい》」

オサム
遊《あそ》びにきたよ！
よっ
お前《まえ》の弟《おとうと》ってこんなだったっけ？
ちっちゃくなってないい!?
ブハッ
宇宙人《うちゅうじん》のマナビーです！
オサムくん！
ケントくんの得意《とくい》なものって何《なに》？
ペン回《まわ》しだよな？
それ以外《いがい》で
勉強《べんきょう》でだよ…
うーん、勉強《べんきょう》は全部《ぜんぶ》苦手《にがて》だもんな…
もう「勉強《べんきょう》」って字《じ》もキライ！
オエ〜
勉強《べんきょう》も中身《なかみ》で分《わ》ければ、好《す》きなものもあるんじゃないかな

この中《なか》に好《す》きなもの何《なに》かあるかな!?

国語《こくご》
漢字《かんじ》
読《よ》み書《か》き
作文《さくぶん》
ことば
算数《さんすう》
四則《しそく》計算《けいさん》
表《ひょう》
図形《ずけい》
面積《めんせき》
理科《りか》
星《ほし》
実験《じっけん》
生物《せいぶつ》
植物《しょくぶつ》
昆虫《こんちゅう》
社会《しゃかい》
日本《にほん》の国土《こくど》
都道《とどう》府県《ふけん》
地図《ちず》
政治《せいじ》
市町村《しちょうそん》
歴史《れきし》
オレは「昆虫《こんちゅう》」や「生物《せいぶつ》」なら好《す》きだよ!
ピカー
あっ、オレは「ことば」なら好《す》きかも…

昆虫《こんちゅう》の勉強《べんきょう》だったら
パラパラ
いくらでもやる気《き》出《で》るわ
得意《とくい》なものが見《み》つかってよかった!
そうやって好《す》きなものや得意《とくい》なものを見《み》つけて そこからやればいいんだよ!
漢字《かんじ》はキライだけど虫《むし》の漢字《かんじ》は意外《いがい》と知《し》ってる…
蝶《ちょう》 蜂《はち》 蟻《あり》 蜘《く》蛛《も》…
ケントすげーじゃん! 習《なら》ってない漢字《かんじ》知《し》ってて!
虫《むし》のつく漢字《かんじ》はなんとなく好《す》きなんだよね
テヘヘ
この字《じ》にも虫《むし》ついてるんだけど!!
勉強《べんきょう》
その発想《はっそう》はなかった…

齋藤先生《さいとうせんせい》からのメッセージ

感動《かんどう》が習熟《しゅうじゅく》をよび、習熟《しゅうじゅく》は感動《かんどう》を深《ふか》めるんだ!

やる気《き》のポイントは「感動《かんどう》」と「習熟《しゅうじゅく》」の2つだ。「おもしろい!」「すごい!」と思《おも》うことが感動《かんどう》。得意《とくい》になることが習熟《しゅうじゅく》。この2つは関連《かんれん》していて、感動《かんどう》が習熟《しゅうじゅく》をよび、習熟《しゅうじゅく》は感動《かんどう》を深《ふか》める。これがやる気《き》をつくるもとなんだ。「勉強《べんきょう》」に対《たい》しては、感動《かんどう》も習熟《しゅうじゅく》も当《あ》てはまらないなあと思《おも》ったら、「勉強《べんきょう》」を科目《かもく》や分野《ぶんや》に細《こま》かく分《わ》けてみよう。たとえば「地図《ちず》」が好《す》きなら、地図《ちず》の勉強《べんきょう》をしてみればいい。習熟《しゅうじゅく》すれば、それが大《おお》きなやる気《き》につながるからね。好《す》きこそものの上手《じょうず》なれだ!

自分《じぶん》をほめて自己暗示《じこあんじ》をかける？

とにかく勉強《べんきょう》が苦手《にがて》、キライと思《おも》いこんじゃだめなんだよ!!
自己暗示《じこあんじ》ってわかる？
ジコアンジ？
また宇宙語《うちゅうご》か!!
？
ちがうよ！思《おも》いこむことでしょ
できる！と思《おも》えばできるし
どうせできないと思《おも》えばできないってこと！
えー、そんなものかなあー

では、質問《しつもん》！

あなたはものを探《さが》しています

①この部屋《へや》にあるかもしれないと思《おも》って探《さが》すとき

②絶対《ぜったい》にこの部屋《へや》にあると、わかっていて探《さが》すとき

どちらが探《さが》す気《き》になりますか？

そりゃ②でしょ！
だって、①はないかもしれないんだもんな
だよね？！

だから勉強《べんきょう》も、
絶対《ぜったい》できる！
って思《おも》って
やると
やる気《き》が
出《で》るわけ!!
ケントくんは
昆虫《こんちゅう》のこと
くわしいし、
ほかの勉強《べんきょう》も
やればできるよ！
ウン、なんか
そんな気《き》が
してきた！
やる気作戦《きさくせん》②
確信《かくしん》があれば
やる気《き》が出《で》る!!
サッ
覚《おぼ》えて
おいてね！
って
マナビーが
言《い》うんだけど
文
リコちゃん

リコちゃんは すごく 勉強《べんきょう》ができる けど
やっぱり できる！ と思《おも》って やってるの？
うーん そうかな
利口《りこう》な リコちゃん って言《い》われて 育《そだ》って きたから
おりこう！
リコちゃん すごーい！
勉強《べんきょう》が できないと 思《おも》ったこと ないかも
すごい！ 自己暗示力《じこあんじりょく》だ…
ウヒョーー
リコちゃん いいなー
オレも 名前《なまえ》…
リコ太郎《たろう》 とかが よかったな
ガク

身《み》近《ぢか》な人《ひと》から評価《ひょうか》をもらおう

熱《あつ》田《た》先生《せんせい》
じゃあ みんな、明日《あした》 宿題《しゅくだい》忘《わす》れない ように!!
熱田《あつた》 先生《せんせい》は、 とっても 熱《あつ》い 先生《せんせい》だから 好《す》きなん だよね…
先生《せんせい》が 家《いえ》でも横《よこ》にいて 勉強《べんきょう》見《み》てくれたら いいのに…
そうだね! 勉強《べんきょう》にも ペース メーカーが いるといいね!
「スペースメカ」的《てき》な ものを想像《そうぞう》しているね

ペースメーカーがいるとやる気《き》が出《で》る!!

スポーツ選手《せんしゅ》にもペースメーカー（コーチ）がいる！

いいね！あと10回《かい》！
1,2,3,4,5…

ペースメーカーは、選手《せんしゅ》を見守《みまも》りやったことを評価《ひょうか》する

あれ？
6,7,8…
あと…ムニャムニャ
グー

ペースメーカーがいても評価《ひょうか》してくれないと、やる気《き》がしぼむ

先生《せんせい》はムリでも、家族《かぞく》のだれかに勉強《べんきょう》の進《すす》み具合《ぐあい》を見《み》てもらうといいよ
なるほど！

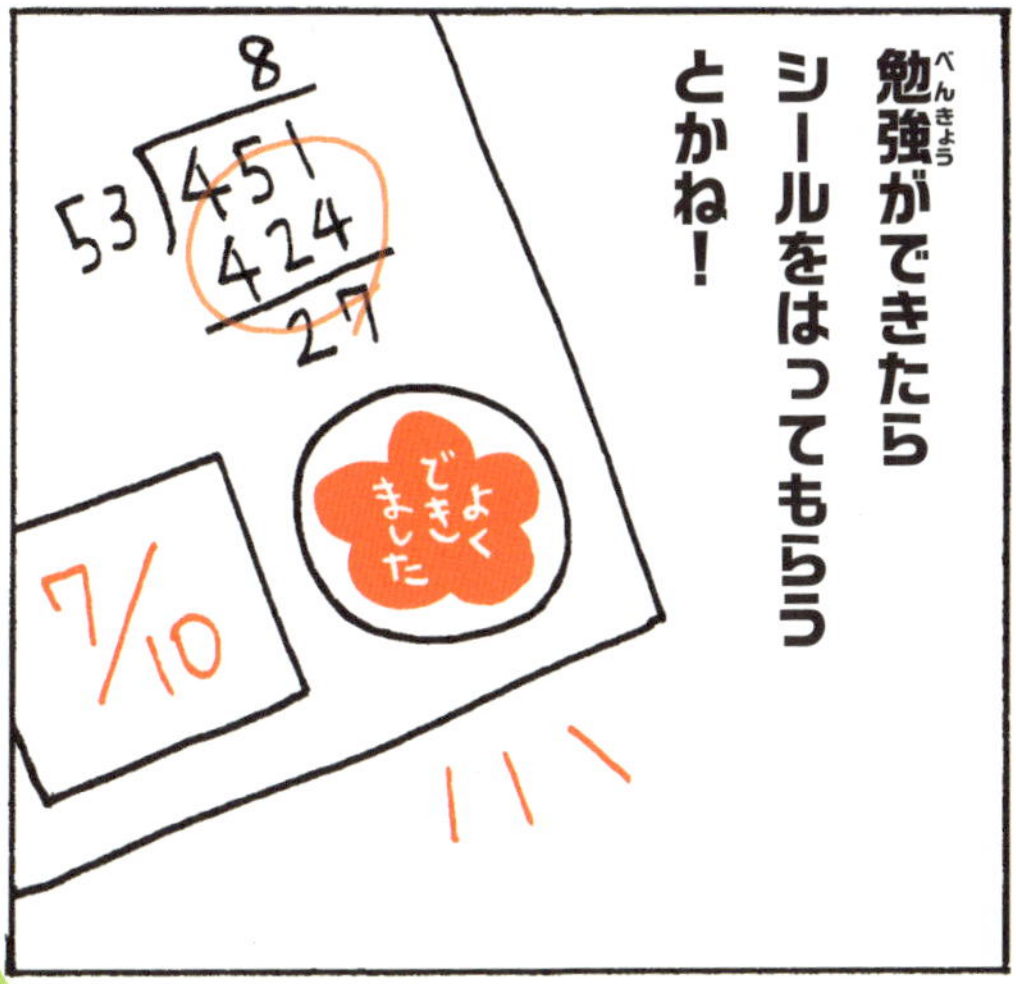
勉強《べんきょう》ができたらシールをはってもらうとかね！
よくできました
7/10

やる気《き》作戦《さくせん》③
身近《みぢか》な人《ひと》に評価《ひょうか》して もらってやる気《き》アップ！
よし やってみる！
ただいまー
ケント おかえり！ 宿題《しゅくだい》やりなさい
なんか お母《かあ》さんはちょっと コワいからな～
弟《おとうと》のケンタに たのもう…
兄《にい》ちゃんの勉強《べんきょう》が終《お》わったらシールはって！
わかったー！
30分後《ぷんご》ー
よし できた！
ケンタ、シールはってー!!
ハーイ
シール はっちゃった～
へへへ
どこに はってんだよ!!

齋藤先生《さいとうせんせい》からの メッセージ

自己暗示《じこあんじ》や評価《ひょうか》をもらうことが やる気《き》と自信《じしん》につながっていく！

やる気《き》になるための最高《さいこう》の手段《しゅだん》は「ほめられること」。でも、まだやってもいないうちから、なかなかほめてもらえない。だったら自分《じぶん》で暗示《あんじ》をかけちゃおう。「自分《じぶん》はやればできるんだ」「自分《じぶん》はこれなら得意《とくい》だぞ」って。そして勉強《べんきょう》を始《はじ》めたら、やったことをだれかに見《み》てもらおう。努力《どりょく》を知《し》ってもらうだけでぜんぜんちがうよ。「いいね。じゃあ次《つぎ》にいこうよ」なんていう、ひとことをもらえれば最高《さいこう》だ。もちろん、家族《かぞく》でいいから、自分《じぶん》を評価《ひょうか》してくれる「ペースメーカー」をつくってみよう。

最初《さいしょ》の一歩《いっぽ》をふみ出《だ》そう!

マナビーが観察《かんさつ》したところ、ケントくんは時間《じかん》の使《つか》い方《かた》がよくないね…
そうかな…
ケントくんが家《いえ》に帰《かえ》ってからの過《す》ごし方《かた》を見《み》てみよう
再生《さいせい》!
ピカー
PM《ピーエム》3:30 帰宅《きたく》
ただいま!!
PM《ピーエム》3:45 おやつ
今日《きょう》は宿題《しゅくだい》ないの?
あるけど、おやつ食《た》べたらやる…
ムシャムシャ
ポテチ

PM《ピーエム》4：00
勉強《べんきょう》
さて やるか!!
計算ドリル④
よし!!
今日《きょう》はみっちり
2時間《じかん》やるぞぉー
と言《い》いつつ
マンガー
ハギャハハハハ
コミック
からのー
テレビ
ダラ〜〜
ドカーン

ケント
宿題《しゅくだい》は!?
テレビが
終《お》わったら
やるで
あります!
キュイーン
サッ
PM《ピーエム》5：00
ふたたび机《つくえ》に向《む》かう
うおーっ
今度《こんど》こそやるぞ!
計算④ドリル
と言《い》いつつ
鼻《はな》ほじり
(左《ひだり》)
ホジホジ
PM《ピーエム》5：30
特製《とくせい》ブロックで遊《あそ》ぶ
ケント特製《とくせい》オリジナル昆虫《こんちゅう》
ヘラクレス
オナラクワガタ
ブーン

PM《ピーエム》6：00
また机《つくえ》に向《む》かう
さすがに もうそろそろ やらないと なー
計算ドリル ④
と言《い》いつつ 鼻《はな》ほじり （右《みぎ》）
ホジホジ
からのーー ゲーム
いけっ いけー
あーやられた～～
PM《ピーエム》6：30
ペン回《まわ》し
そろそろ やるか…
クルクル
と言《い》いつつ 鼻《はな》ほじり （左右《さゆう》）
ホジホジ
ホジホジ

コラアアア
ドカンッ
ビクッ
いつになったら勉強《べんきょう》始《はじ》めるんじゃー!?
ピカー
ホラね
確《たし》かに毎日《まいにち》こんなことしてるかも…
どうすればいいんだろうなー

生活習慣《せいかつしゅうかん》を見直《みなお》そう

限《かぎ》られた
時間《じかん》だから、
あれもこれも
やっていたら、
勉強《べんきょう》する時間《じかん》が
なくなっちゃうよね。
1日《にち》の時間《じかん》の使《つか》い方《かた》を
考《かんが》えてみよう。

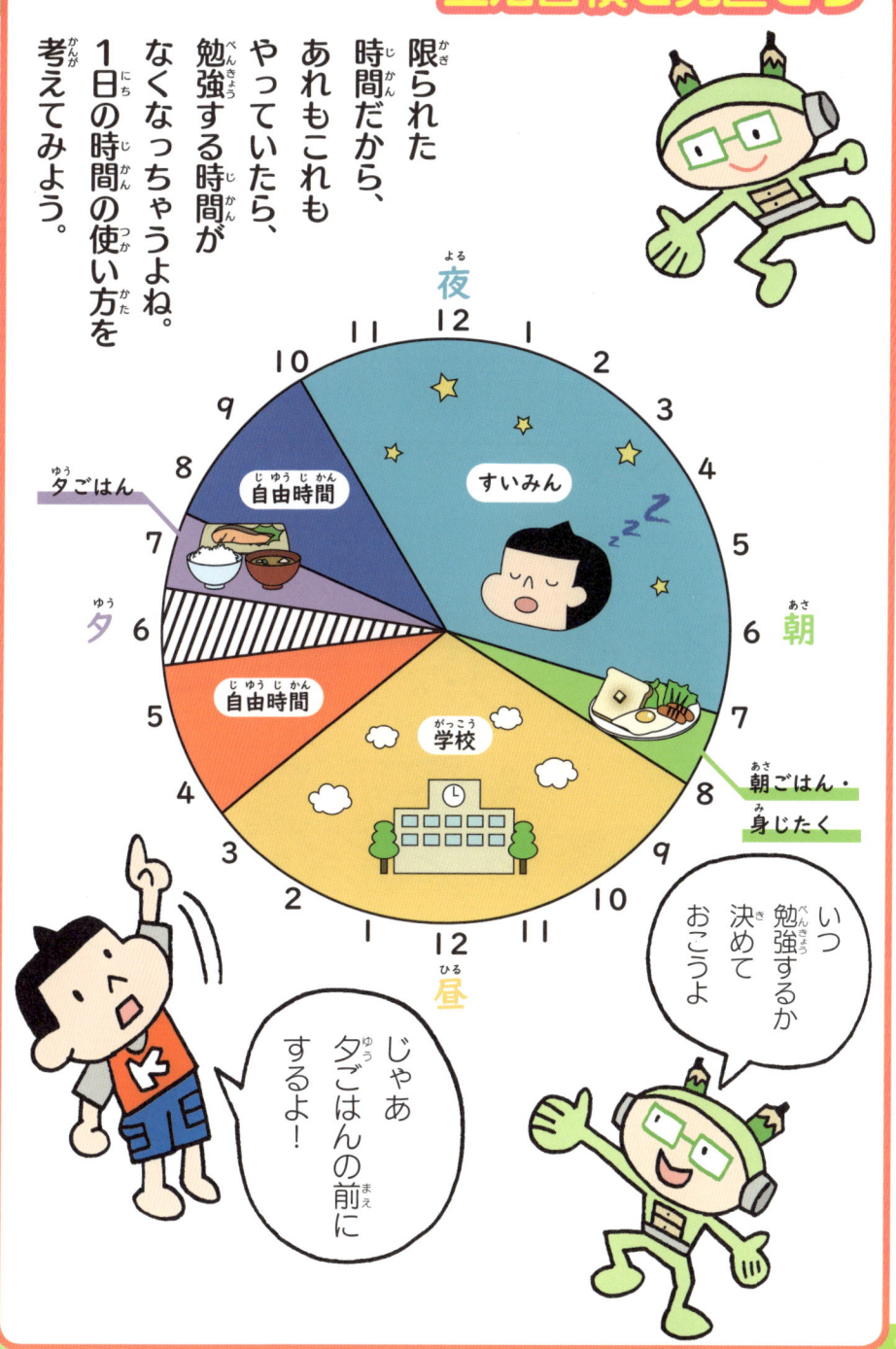

まずは「5分《ふん》」から始《はじ》めよう！

じゃあ こうしよう！
今日《きょう》は5分《ふん》しか勉強《べんきょう》しちゃだめ！
えっ、5分《ふん》!? そんなんでいいの？
いいよ
それだったら楽勝《らくしょう》だよ！
よーいスタート!!
カチッ
ピピピピ
ハイ 5分《ふん》！
えっ、もう!?

このあとは？
さあ…自由《じゆう》だよ
せっかく勉強《べんきょう》やり始《はじ》めたんだから、もう少《すこ》しやるよ！
じゃあ、また5分《ふん》だよ！
よーいスタート！
ハイ、5分《ふん》！
サッ
短《みじか》すぎてものたりないよ！
もっとやる！
カリカリカリカリ
カリカリカリカリ
いつの間《ま》にか40分《ぷん》もできた!!
オレってすごい!!
計算ドリル④
やる気作戦《きさくせん》④
最初《さいしょ》の5分《ふん》を乗《の》りこえる！

いちばん嫌《いや》な「最初《さいしょ》」を乗《の》りこえよう

きのう

「2時間《じかん》やるぞ」

＝

たいへんなことなので
やる気《き》がなえる！

ちがいは、ここにある！

今日《きょう》

「5分《ふん》しか
やってはいけない」

＝

かんたんなことなので
やる気《き》が続《つづ》いた！

2時間《じかん》
プルプル

5分《ふん》
5分《ふん》
5分《ふん》
5分《ふん》
ポイ
ポイ
ポイ
ポイ

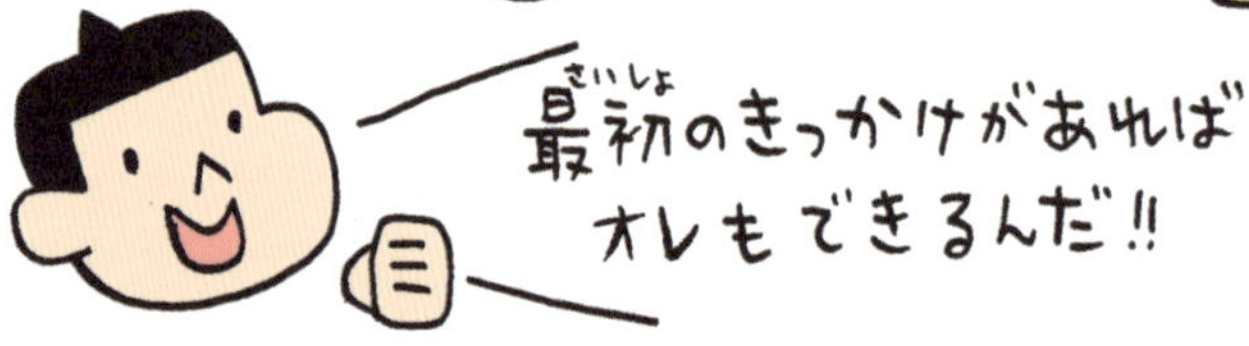
最初《さいしょ》のきっかけがあれば
オレもできるんだ!!

今《いま》までやる気作戦《きさくせん》をいくつか教《おし》えてきたけど、覚《おぼ》えているかな？
もちろん!!
えーっと……
最初《さいしょ》の1コ思《おも》い出《だ》せたら全部《ぜんぶ》言《い》えると思《おも》うんだけど…
ポリポリ
やっぱり忘《わす》れとるんかーい!!

齋藤先生《さいとうせんせい》からのメッセージ

小《ちい》さな目標《もくひょう》を達成《たっせい》する喜《よろこ》び。その積《つ》み重《かさ》ねが学習習慣《がくしゅうしゅうかん》を育《そだ》てる！

「ようし、やるぞ！」と思《おも》っていても誘惑《ゆうわく》は多《おお》い。マンガ、テレビ、ゲーム、楽《たの》しいものがいっぱいあるからね。まずは、勉強《べんきょう》を始《はじ》める時刻《じこく》をはっきり決《き》めちゃおう。「6時《じ》なら6時《じ》」とね。それから、勉強時間《べんきょうじかん》は最初《さいしょ》は短《みじか》いほうがいい。2時間《じかん》なんて目標《もくひょう》を立《た》てても、実行《じっこう》はむずかしい。むしろ、5分《ふん》だけと決《き》めてみよう。実現《じつげん》するのはやさしいよね。すると、もう少《すこ》しやってみようという気持《きも》ちになって、結果的《けっかてき》にたくさんできる。小《ちい》さな目標《もくひょう》をやりとげて達成感《たっせいかん》を感《かん》じて、それを積《つ》み重《かさ》ねていこう！

1コマ アドバイス その1

勉強《べんきょう》は頭《あたま》のスポーツだ！

スポーツ	スポーツ	スポーツ
練習《れんしゅう》をすればするほど、うまくなる。うまくなると、もっと練習《れんしゅう》したくなる。	できるかできないかは運動神経《うんどうしんけい》じゃなく、コツをつかめるかどうか。	コツをつかめるまでくり返《かえ》し練習《れんしゅう》あるのみ！
勉強《べんきょう》	**勉強《べんきょう》**	**勉強《べんきょう》**
問題《もんだい》を解《と》けば解《と》くほど、理解《りかい》できる。理解《りかい》できると、もっと先《さき》に進《すす》みたくなる。	頭《あたま》の良《よ》し悪《あ》しは関係《かんけい》なく、コツをつかめるかどうか。	コツをつかめるまでくり返《かえ》し問題《もんだい》を解《と》くのみ！

なるほど。スポーツも勉強《べんきょう》もコツがつかめてくると、やる気《き》になって楽《たの》しくなるのはいっしょなんだね！

第《だい》2章《しょう》

勉強《べんきょう》に必要《ひつよう》な心構《こころがま》えってナニ？

学習環境《がくしゅうかんきょう》を見直《みなお》そう！

おかしいな〜〜
ガサガサ
ゴソゴソ
ない…
兄《にい》ちゃんまたさがしもの？
勉強《べんきょう》しようと思《おも》ったら、計算《けいさん》ドリルがないんだけど…
お前《まえ》、ぬすんだな!!
計算《けいさん》ドリルなんか死《し》んでもぬすまないよ！
だいたい部屋《へや》が散《ち》らかりすぎなんだよ！

ごちゃ〜
マンガや図《ず》鑑《かん》とドリルがごちゃまぜ
ブロック
文房具《ぶんぼうぐ》
昆虫《こんちゅう》のフィギュア
梅《うめ》干《ぼ》しのタネ
ゴミ
どんぐり
勉強《べんきょう》するよりまずは片《かた》づけだね！
そ、そうだね…
机《つくえ》の上《うえ》に、勉強《べんきょう》に必要《ひつよう》なものと、おもちゃがいっしょに置《お》いてあるのがよくない！

ゴマダラカミキリ
こういう昆虫《こんちゅう》フィギュアみたいなものはおもちゃ箱《ばこ》へー
ヒョイ
それは本物《ほんもの》!
ギチギチ
うわーっ
とにかく学習環境《がくしゅうかんきょう》を整《ととの》えることが、勉強《べんきょう》ができるようになる第一歩《だいいっぽ》!
勉強《べんきょう》に使《つか》う基本《きほん》の道具《どうぐ》はまとめて箱《はこ》に入《い》れておくと便利《べんり》!
科目《かもく》ごとに箱《はこ》をつくるのもよい
さんすう
きほん
部屋《へや》はこんなふうにできるといいね
サッ
できるかなあ…
ブーン

勉強《べんきょう》しやすい部屋《へや》にしよう

時間《じかん》を決《き》めて
勉強《べんきょう》するために
時計《とけい》を置《お》こう！

目《め》につくところに
おもちゃや
マンガの本《ほん》は
置《お》かないようにする

国語辞典
漢字ドリル
計算ドリル
ピカー

必要《ひつよう》なもの以外《いがい》を
散《ち》らかさない

勉強《べんきょう》の内容《ないよう》によって使《つか》う
ものも用意《ようい》しておく

三角《さんかく》
じょうぎ
はさみ
コンパス
セロハンテープ

基本勉強《きほんべんきょう》セット（例《れい》）

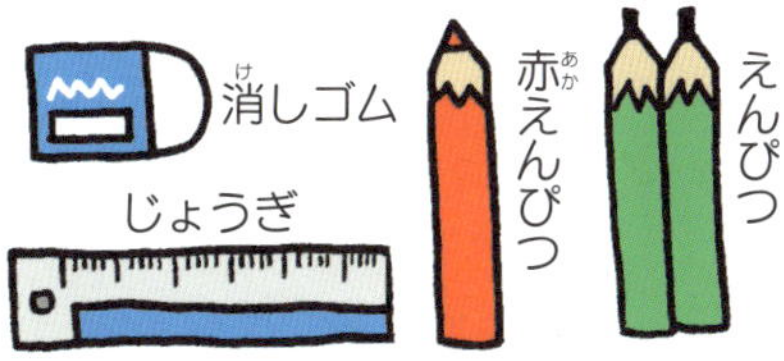
消《け》しゴム
じょうぎ
赤《あか》えんぴつ
えんぴつ

勉強《べんきょう》する場所《ばしょ》を変《か》えてみよう

今日《きょう》は社会《しゃかい》の宿題《しゅくだい》があるんだ
社会4
ゴミはどのように集《あつ》められてどこにいくかを調《しら》べるっていう学習《がくしゅう》なんだけど…
ゴミ
それは、ここにすわっていてもできないよ
外《そと》に出《で》かけよう!
え!? 外《そと》?
図書館《としょかん》がいいね
○×図書館
本《ほん》がたくさんあるし、パソコンも使《つか》えるし!

本当《ほんとう》だ！
静《しず》かだし、
調《しら》べものが
すぐできるね
こんでなければ
勉強《べんきょう》には
うってつけだよね
児童館《じどうかん》の
自習室《じしゅうしつ》も
いいね
静《しず》かで、きれいで
環境《かんきょう》の整《ととの》っている
ところが多《おお》い！
でも
静《しず》かすぎる
と…
オナラを
ガマン
するのが
たいへん
…
ウー
スゥ〜〜
ドシャーーー

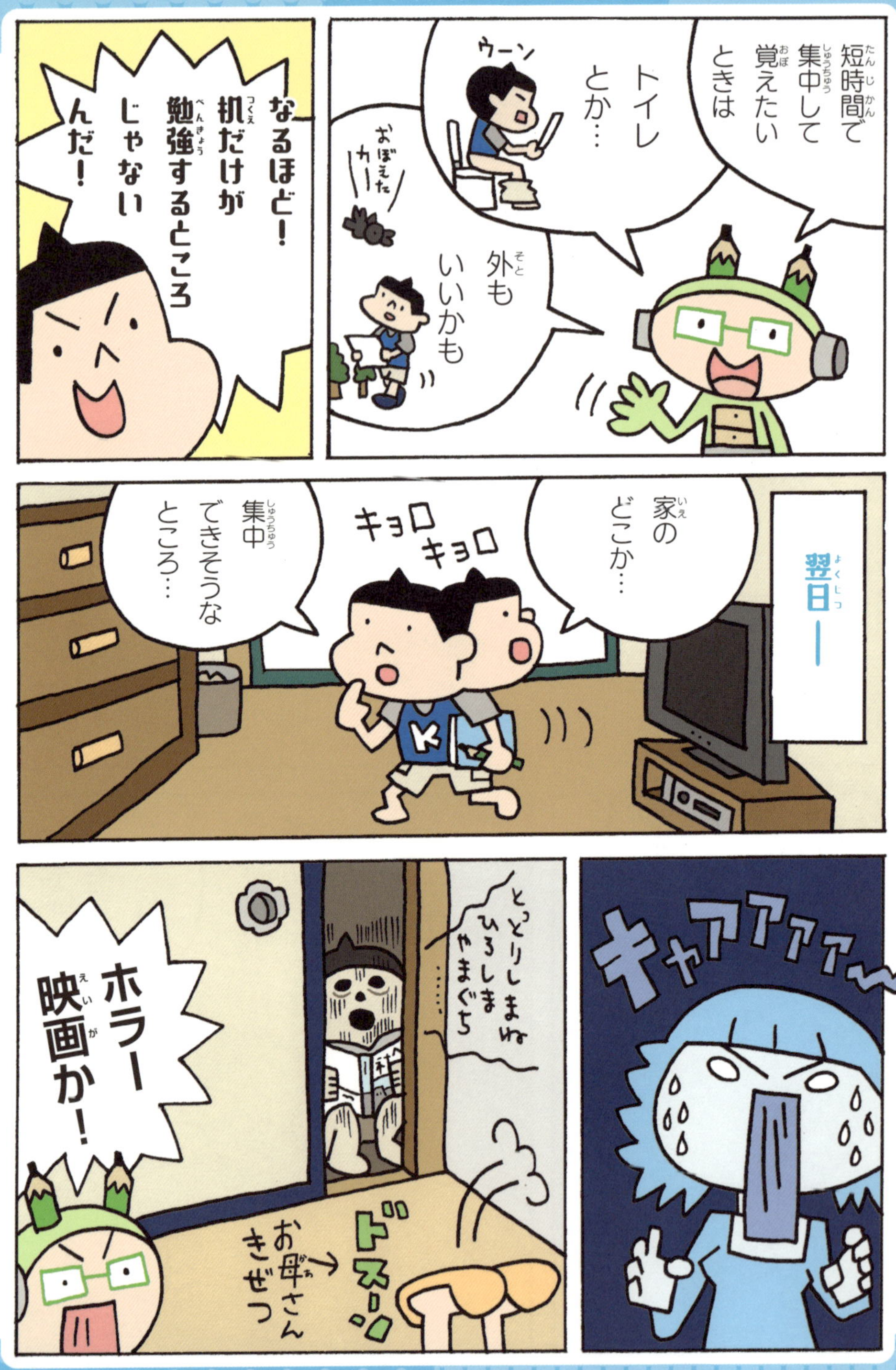
短時間《たんじかん》で集中《しゅうちゅう》して覚《おぼ》えたいときは
トイレとか…
ウーン
外《そと》もいいかも
おぼえたカー
なるほど！机《つくえ》だけが勉強《べんきょう》するところじゃないんだ！
翌日《よくじつ》ー
家《いえ》のどこか…
キョロキョロ
集中《しゅうちゅう》できそうなところ…
キャアアアア〜
ホラー映画《えいが》か！
とっとりしまねひろしまやまぐち
……
ドスーン
お母《かあ》さんきぜつ

「段取《だんど》り力《りょく》」で、物事《ものごと》は進《すす》む。勉強《べんきょう》する準備《じゅんび》はできているかな？

いざ勉強《べんきょう》を始《はじ》めても、消《け》しゴムがない、えんぴつのしんが折《お》れてた、なんて理由《りゆう》で中断《ちゅうだん》しちゃうことがある。そんな準備不足《じゅんびぶそく》は、事前《じぜん》に防《ふせ》げるはずだ。このように、物事《ものごと》を行《おこな》う前《まえ》の準備《じゅんび》を「段取《だんど》り」というんだ。段取《だんど》りができる、つまり「段取《だんど》り力《りょく》」があると、むだなく物事《ものごと》を進《すす》められるよ。それから、勉強場所《べんきょうばしょ》は机《つくえ》にかぎらない。トイレやお風呂《ふろ》のようなせまい場所《ばしょ》は、気《き》が散《ち》らないので暗記《あんき》に適《てき》しているし、図書館《としょかん》は調《しら》べ学習《がくしゅう》にうってつけだ。学習環境《がくしゅうかんきょう》についても考《かんが》えておこう！

勉強《べんきょう》を始《はじ》める前《まえ》の注意点《ちゅういてん》とは？

やっぱり
机《つくえ》の上《うえ》が片《かた》づくと気持《きも》ちいいな〜！
ピカー
だよね！
さっそくキレイな机《つくえ》で読書《どくしょ》するか!!
フフフ〜ン
その姿勢《しせい》はちょっとどうかな…
ギコ ギコ ギコ
うーん
えっ、何《なに》か言《い》った？
グワーン
正《ただ》しい姿勢《しせい》になる気《き》ないだろ！

確《たし》かに、さっきの姿勢《しせい》だと疲《つか》れるね
イテテ
あたりまえだよ

正《ただ》しい姿勢《しせい》は疲《つか》れにくく集中力《しゅうちゅうりょく》を高《たか》める

ちょっと体《からだ》を前《まえ》にかたむけるのが勉強《べんきょう》スタイルのすわり方《かた》
机《つくえ》の高《たか》さはおへその少《すこ》し上《うえ》
にぎりこぶし1つ分《ぶん》あける
深《ふか》くこしかける
おなかと机《つくえ》とはにぎりこぶし1つ分《ぶん》あける
軽《かる》くつま先《さき》が着《つ》くくらいの高《たか》さのいすがよい

机《つくえ》やいすをこれから買《か》う人《ひと》は、
ぴったりのサイズのものを選《えら》ぼう

足《あし》が浮《う》くときは
箱《はこ》などで調節《ちょうせつ》
肩《かた》の力《ちから》をぬいて
スタート！

漢字練習《かんじれんしゅう》始《はじ》め！
あっ、えんぴつの持《も》ち方《かた》!!
カキカキ
油断《ゆだん》するとついついヘンな持《も》ち方《かた》になっちゃって…
そっか…

えんぴつを正《ただ》しく持《も》てば書《か》きやすいし疲《つか》れにくい！

持《も》つ指《ゆび》は3本《ほん》

親指《おやゆび》と人《ひと》さし指《ゆび》でつまむように持《も》ち、中指《なかゆび》で下《した》から支《ささ》えるようにする

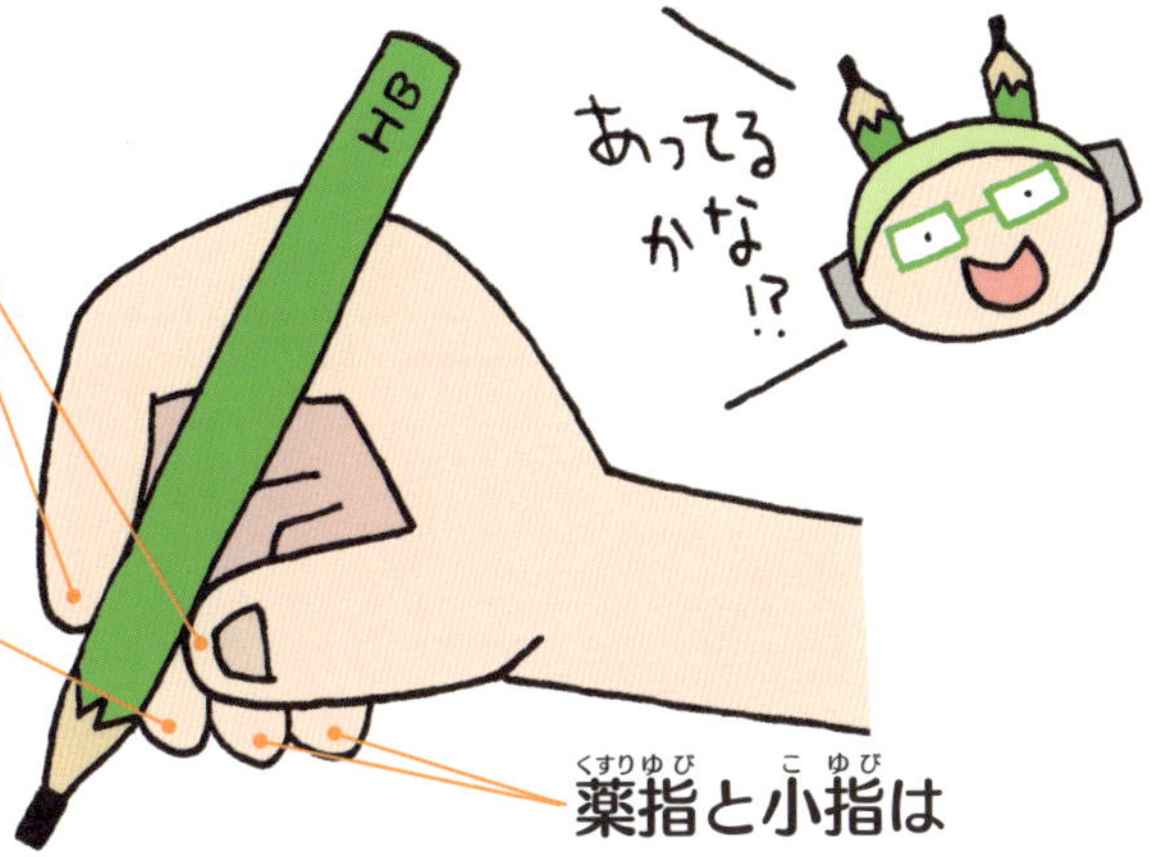

HB
あってるかな!?

薬指《くすりゆび》と小指《こゆび》は中指《なかゆび》にそえるだけ

2本《ほん》でつまむ

中指《なかゆび》で支《ささ》える

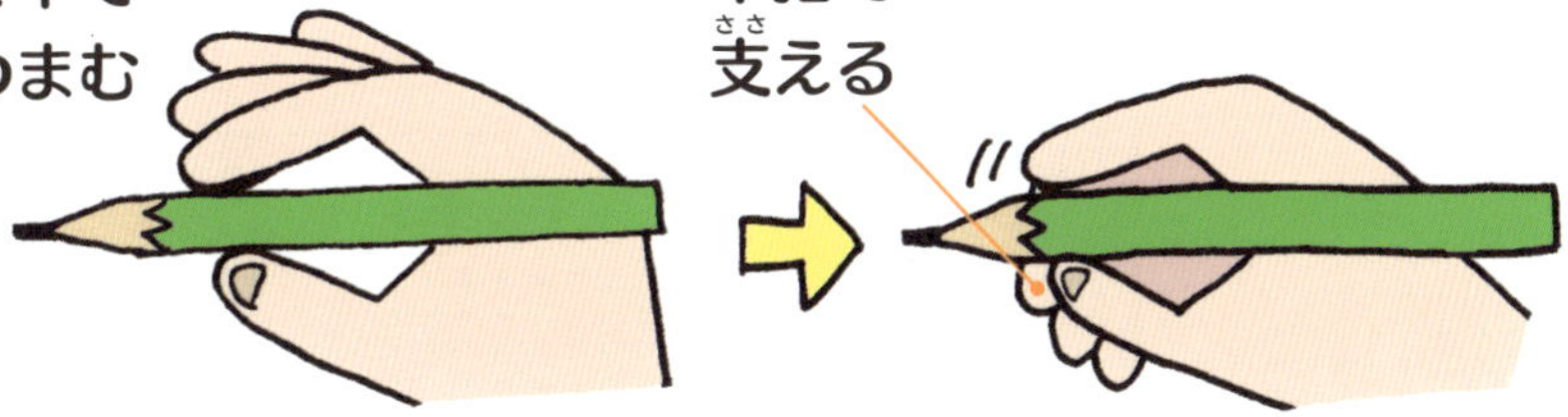

こうか!?
自分《じぶん》のえんぴつでやって！

《よくない例《れい》》

手首《てくび》や指《ゆび》が自由《じゆう》に動《うご》かないので疲《つか》れる

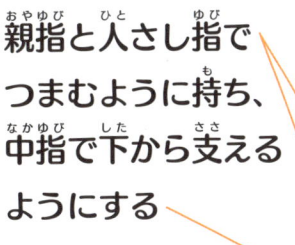

呼吸法《こきゅうほう》を身《み》につけよう!

グラン
グラン
ビクッ
あーっ 兄《にい》ちゃん集中力《しゅうちゅうりょく》が切《き》れた!
しょうがないな… いい方法《ほうほう》を教《おし》えよう
呼吸法《こきゅうほう》だよ!!
呼吸法《こきゅうほう》…って??
?
?
まさかエラ呼吸《こきゅう》?
魚《さかな》か!
パク
パク
これが丹田呼吸法《たんでんこきゅうほう》だ!!

丹田《たんでん》呼吸法《こきゅうほう》で集中力《しゅうちゅうりょく》を高《たか》めよう

1 3秒《びょう》鼻《はな》から息《いき》を吸《す》う

1.2.3
スーッ

2 2秒《びょう》止《と》める（このときおなかに息《いき》を入《い》れるイメージを持《も》つ）

1.2
....

へその
指《ゆび》3本《ぼん》
下《した》あたり
のところ

※臍下丹田《せいかたんでん》に息《いき》を入《い》れる気持《きも》ちで息《いき》を止《と》めよう

※お臍《へそ》の下《した》だから臍下《せいか》。丹田《たんでん》はエネルギーをつくるところ。「臍下丹田《せいかたんでん》」に意識《いしき》を集中《しゅうちゅう》して力《ちから》を入《い》れると、心《こころ》も体《からだ》も健康《けんこう》に保《たも》たれるといわれる。

フウ〜
1.2.3.4.5.6.7.8.
9.10.11.12.13.14.15

3 15秒《びょう》かけて口《くち》からゆっくり息《いき》をはく（長《なが》くゆるくはき出《だ》す。15秒《びょう》が苦《くる》しい人《ひと》は、10秒《びょう》かけてゆっくりはく）

フゥ〜〜
これを3セットやるんだ
どうだい？頭《あたま》の中《なか》が静《しず》かな湖《みずうみ》のほとりのようだろ？
シーーーン
ウン！
あれ？兄《にい》ちゃん!?
どうしたの
アハハハハ
ブーン
頭《あたま》の中《なか》の森《もり》で昆虫採集《こんちゅうさいしゅう》してる！
帰《かえ》ってこーい

齋藤先生《さいとうせんせい》からのメッセージ

勉強《べんきょう》する姿勢《しせい》を整《ととの》える。心《こころ》を落《お》ち着《つ》けて集中《しゅうちゅう》しよう!

「いい姿勢《しせい》で勉強《べんきょう》しましょう」。小学校《しょうがっこう》に入学《にゅうがく》したころ、だれもが先生《せんせい》に言《い》われたよね。いいかげんに聞《き》いていた人《ひと》もいるかもしれないけれど、これは、大事《だいじ》なことだよ。勉強《べんきょう》するときは、いい姿勢《しせい》がもっとも疲《つか》れないんだ。ごろごろしながらのほうが楽《らく》に思《おも》うかもしれないけれど、決《けっ》してそんなことはない。えんぴつも正《ただ》しく持《も》つほうが、書《か》きやすいし疲《つか》れないんだ。それと、マンガにも出《で》てきた、ぼくのオススメの呼吸法《こきゅうほう》を、ぜひ試《ため》してみてほしい。気《き》持《も》ちが落《お》ち着《つ》いて、頭《あたま》がすっきりするよ。

友《とも》だちと勉強《べんきょう》するといいことがある!?

ダハハハハハ
ウヒヒヒヒ
きみたちは仲《なか》がいいね!
同《おな》じクラスで
ホレ
ヒヒヒ
放課後《ほうかご》もいっしょに遊《あそ》ぶし
ドリャ
かぜをひくのもいっしょです
そこまで仲良《なかよ》くなくていいよ!
ジュル
ジュル
サッ
じゃあ、勉強《べんきょう》もいっしょにやってみれば?

○×児童館
え～
たまにはやってみようぜ
カリカリ
カリ
カリ
カリカリカリ
意外《いがい》とはかどる!!
オレも!!
社会

友《とも》だちと勉強《べんきょう》することのよい点《てん》①「集中力《しゅうちゅうりょく》が続《つづ》く!」

S《エス》ちゃん集中《しゅうちゅう》してる…わたしも集中《しゅうちゅう》しよ!
N《エヌ》ちゃんが集中《しゅうちゅう》してる…わたしも集中《しゅうちゅう》!
チラ
チラ
S《エス》ちゃんががんばってるならもう少《すこ》しやろう!
わたしだけやめるわけにはいかないぞ

気持《きも》ちに"はり"が出《で》て、よい意味《いみ》での緊張感《きんちょうかん》が続《つづ》く

おたがいががんばれる!!

ふたりで勉強《べんきょう》することによって、気持《きも》ちに「はり」が出《で》たんだね
15分《ふん》も集中《しゅうちゅう》できたよ!
家《いえ》では5分《ふん》も集中《しゅうちゅう》できないのに…
へっへっ
オレさまのおかげだ!
手《て》がらをひとりじめするな!
問題《もんだい》を出《だ》し合《あ》うのもいいよ!
やってみよう!

友《とも》だちと勉強《べんきょう》することのよい点《てん》②「問題《もんだい》を出《だ》し合《あ》える」

1メートルは何《なん》ミリメートル?
100ミリメートル?
うーん
ブー
1000ミリメートルよ
そっか!!
わたしも確《たし》かめられた
1センチメートル=10ミリメートル
100センチメートル=1000ミリメートル

おたがい勉強《べんきょう》したことを、質問《しつもん》して、確認《かくにん》し合《あ》うことができる!!

あやふやだったことを自分《じぶん》も確《たし》かめることができる

島根県《しまねけん》の県庁《けんちょう》所在地《しょざいち》は？
あっ知《し》ってる
松《まつ》…なんだっけ
うーん松井《まつい》!?
松尾《まつお》？松木《まつき》？
おしい!!
はなれた!!
松島《まつしま》！松本《まつもと》！松山《まつやま》！
松江《まつえ》でしたー!!
松《まつ》たか子!!
というふうに、ふたりでやると楽《たの》しい…
そうやっていっしょに勉強《べんきょう》する友《とも》だちを「勉友《ベントモ》」っていうんだよ
いいね！
今日《きょう》からベントモだ!!
じゃあ、身長《しんちょう》が低《ひく》いオレが小《しょう》ベンで
お前《まえ》が大《だい》ベンな!!
ギャハハハ
ウケる
文
なんかちがう気《き》がするけど
ま、いっか…

勉強《べんきょう》のことをベントモと話《はな》そう！

そもそもケンチョーショザイチってなんだっけ？
お前《まえ》知《し》らなかったの!?
来週《らいしゅう》のテスト大丈夫《だいじょうぶ》て…
県庁
県《けん》の役所《やくしょ》の「県庁《けんちょう》」がある都市《とし》のことだろ！
北海道《ほっかいどう》は「道庁《どうちょう》」で、所在地《しょざいち》が札幌《さっぽろ》でしょ
さっぽろ
ええ～
覚《おぼ》えられなかったらどうちょう
ってオイ！
さっきから聞《き》いてたけど、そうやって勉強《べんきょう》のことをベントモと話《はな》すのは、とてもいいことだよ！
そうっすか？
さっきの問題《もんだい》の出《だ》し合《あ》いもそうなんだけど
人《ひと》は話《はな》したり聞《き》いたりしたことを忘《わす》れにくいんだ!!

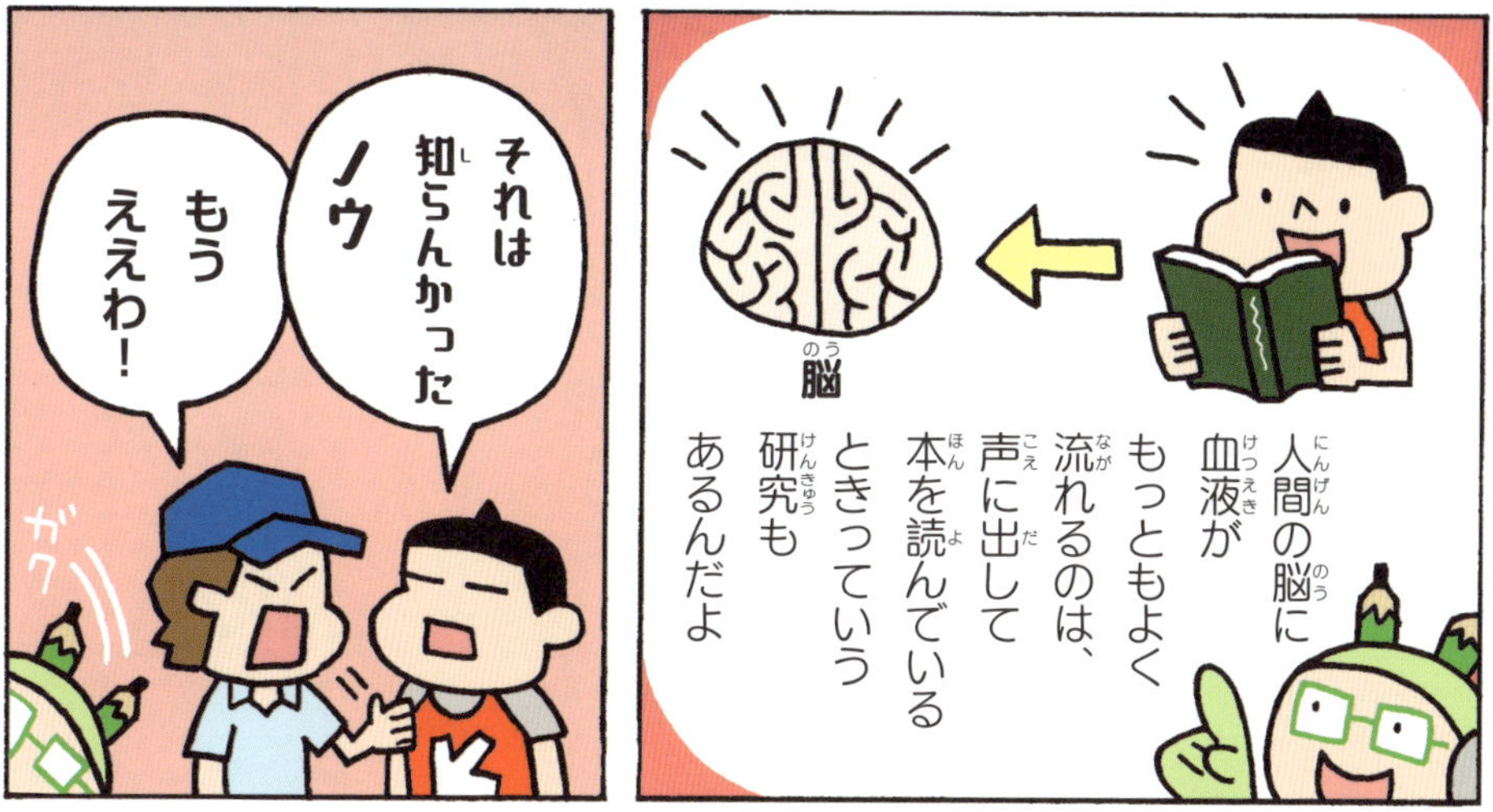
人間《にんげん》の脳《のう》に血液《けつえき》がもっともよく流《なが》れるのは、声《こえ》に出《だ》して本《ほん》を読《よ》んでいるときっていう研究《けんきゅう》もあるんだよ
脳《のう》
それは知《し》らんかったノウ
もうええわ！
ガク

五感《ごかん》を使《つか》うと頭《あたま》に入《はい》りやすい

①声《こえ》に出《だ》す
②耳《みみ》に入《はい》る
③脳《のう》が音《おと》を感《かん》じ、よく覚《おぼ》えられる
④
⑤
⑥

④文字《もじ》や図《ず》のほか、相手《あいて》の表情《ひょうじょう》、状況《じょうきょう》なども見《み》る
⑤においを感《かん》じることもある
⑥ふれ合《あ》うこともある

五感《ごかん》を使《つか》うことで、頭《あたま》にきざみこまれやすい

自分《じぶん》ひとりで覚《おぼ》えるより、オサムに教《おし》えてもらったほうが頭《あたま》に入《はい》る気《き》がする！
オレもケントに教《おし》えることで理解《りかい》が深《ふか》まった！
社会
それがまさにベントモ効果《こうか》！

友《とも》だちと勉強《べんきょう》することのよい点《てん》③「理解《りかい》できているかどうか確《たし》かめられる！」

一方《いっぽう》が教《おし》えて、もう一方《いっぽう》は教科書《きょうかしょ》などを見《み》て正《ただ》しく教《おし》えられているかどうかをチェックする。

○○は××だから△△だよ
そうなんだ～
チラ
あってる!!

よーし、ベントモのオサムのおかげで勉強《べんきょう》はかどったし
来週《らいしゅう》のテストでは
ふたり合《あ》わせて100点《てん》取《と》ろうぜっ!!
合《あ》わせてじゃダメー!!

覚《おぼ》えるコツは、人《ひと》に教《おし》えること。勉友《ベントモ》どうしで教《おし》え合《あ》おう！

勉強《べんきょう》の友《とも》だち「勉友《ベントモ》」はいいよ！ 勉強《べんきょう》って、結局暗記《けっきょくあんき》することが多《おお》いよね。意外《いがい》に思《おも》うかもしれないけれど、覚《おぼ》えるコツは人《ひと》に教《おし》えること。だから勉強《べんきょう》したことを、勉友《ベントモ》どうしで教《おし》え合《あ》おう。これは、とても能率《のうりつ》的《てき》な方法《ほうほう》なんだ。教《おし》えてもらう人《ひと》のほうが、教科書《きょうかしょ》や参考書《さんこうしょ》などを見《み》ながら聞《き》けば、教《おし》える人《ひと》のまちがいも指摘《してき》できるからなおいい。そして、勉友《ベントモ》といっしょに勉強《べんきょう》すると、いい緊張感《きんちょうかん》が生《う》まれる。だから、だらだらしにくくなって、集中力《しゅうちゅうりょく》が続《つづ》きやすいんだ。

頭《あたま》のいい人《ひと》は少《すこ》ししか勉強《べんきょう》してない!?

キンコンカンコーン
やっぱりオレたち、足《た》して100点《てん》だったな
ハハハ
リコちゃんはまた100点《てん》?
そうだよ!!
キラーン
リコちゃんは頭《あたま》がいいから、少《すこ》ししか勉強《べんきょう》しなくても成績《せいせき》いいんだよな〜
くそー
そうかなー たぶんみんなと同《おな》じ量《りょう》だよ
そう! そのとおり!

リコは少《すこ》ししか勉強《べんきょう》していないわけじゃなくて
短《みじか》い時間《じかん》で、たくさんの量《りょう》をこなしているんだよ
そうなの？

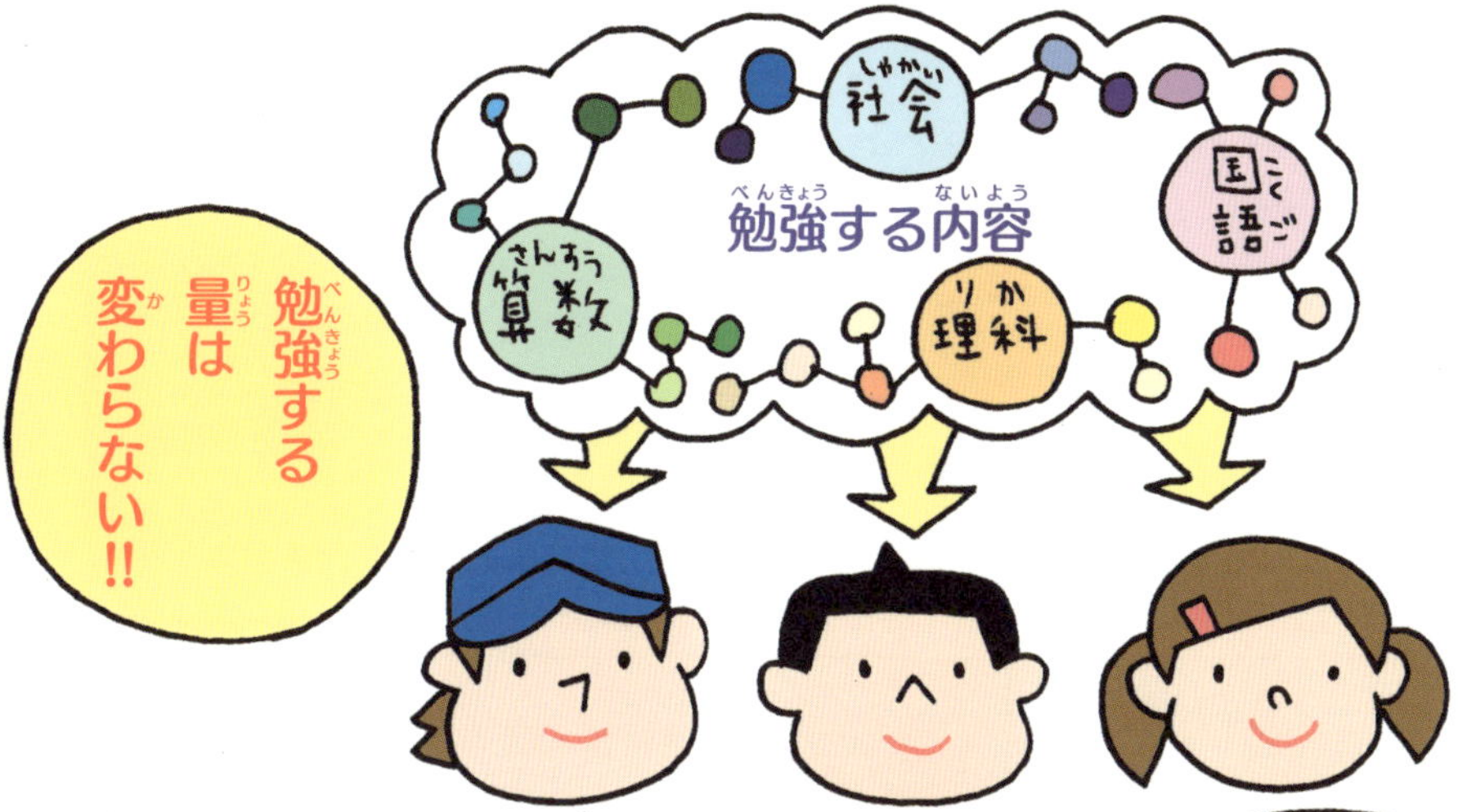
社会《しゃかい》
国語《こくご》
勉強《べんきょう》する内容《ないよう》
算数《さんすう》
理科《りか》
勉強《べんきょう》する量《りょう》は変《か》わらない!!

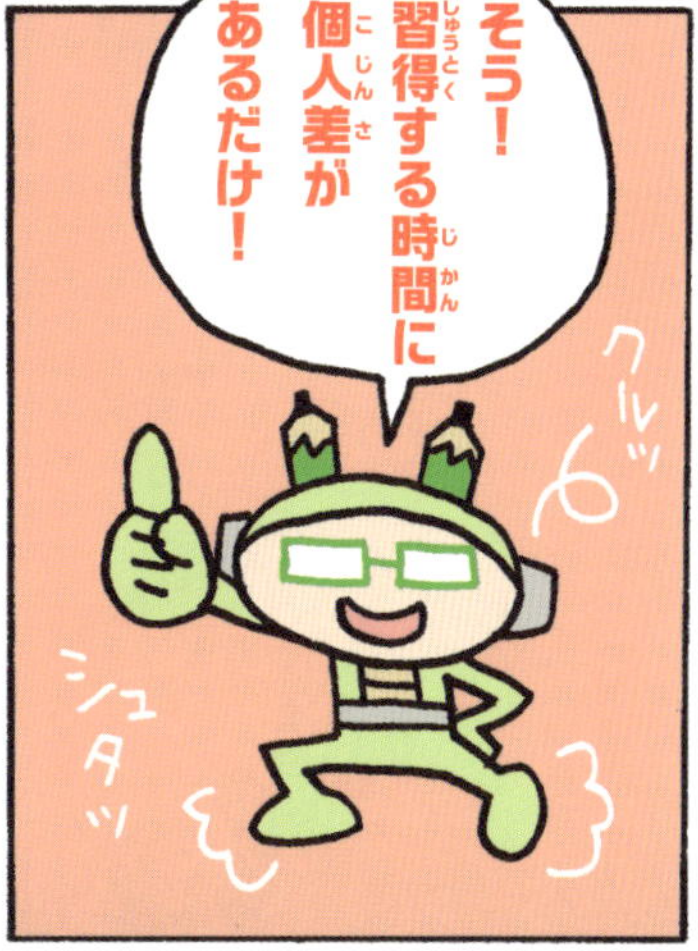
そう！習得《しゅうとく》する時間《じかん》に個人差《こじんさ》があるだけ！
クルッ
シュタッ

コラ！
ケント！学校《がっこう》にペットをつれてきちゃイカン！
ペットじゃないです！
いや、その…

勉強《べんきょう》の極意《ごくい》——それは量《りょう》だ！

ゴールは
同《おな》じ
ゴール
勉強《べんきょう》の量《りょう》は
だれだって同《おな》じ
速《はや》く進《すす》む
人《ひと》がいる
（短《みじか》い時間《じかん》で
量《りょう》をこなせる）
ピョン
ピョン
のそ のそ
量《りょう》をやれば
勉強《べんきょう》は必《かなら》ず
できる！
（ゴールに到達《とうたつ》できる）

キラーン
量《りょう》をやればだれもができるようになるのが勉強《べんきょう》!!
勉強《べんきょう》ができるかできないかに頭《あたま》のよさは関係《かんけい》ない！
それって、ぼくをなぐさめるために言《い》ってるんでしょ？
ん？

そんなことはない！先生《せんせい》も勉強《べんきょう》は苦手《にがて》だったが、人《ひと》より時間《じかん》をかけて、コツコツやって、先生《せんせい》になれたんだよ!!
知《し》らなかったー
だからキミたちもできる！
※為《な》せば成《な》る為《な》さねば成《な》らぬ何事《なにごと》も成《な》らぬは人《ひと》の為《な》さぬなりけり！
※何事《なにごと》もやってみれば意外《いがい》とできるものだという意《い》味《み》。江戸《えど》時代後期《じだいこうき》、米沢藩《よねざわはん》（現《げん》・山形県《やまがたけん》の東南部《とうなんぶ》）の藩主《はんしゅ》・上杉鷹山《うえすぎようざん》が家臣《かしん》に贈《おく》ったとされる教訓《きょうくん》。
じゃあ、きみたちもがんばりたまえ！
さようなら!!
ハハハ
ヒュッ
ポカーン
さっき先生《せんせい》が言《い》ってたの、勉強《べんきょう》ができる呪文《じゅもん》かな？
たぶんちがうだろ
ズルッ

何度《なんど》もくり返《かえ》せば道《みち》は開《ひら》ける！

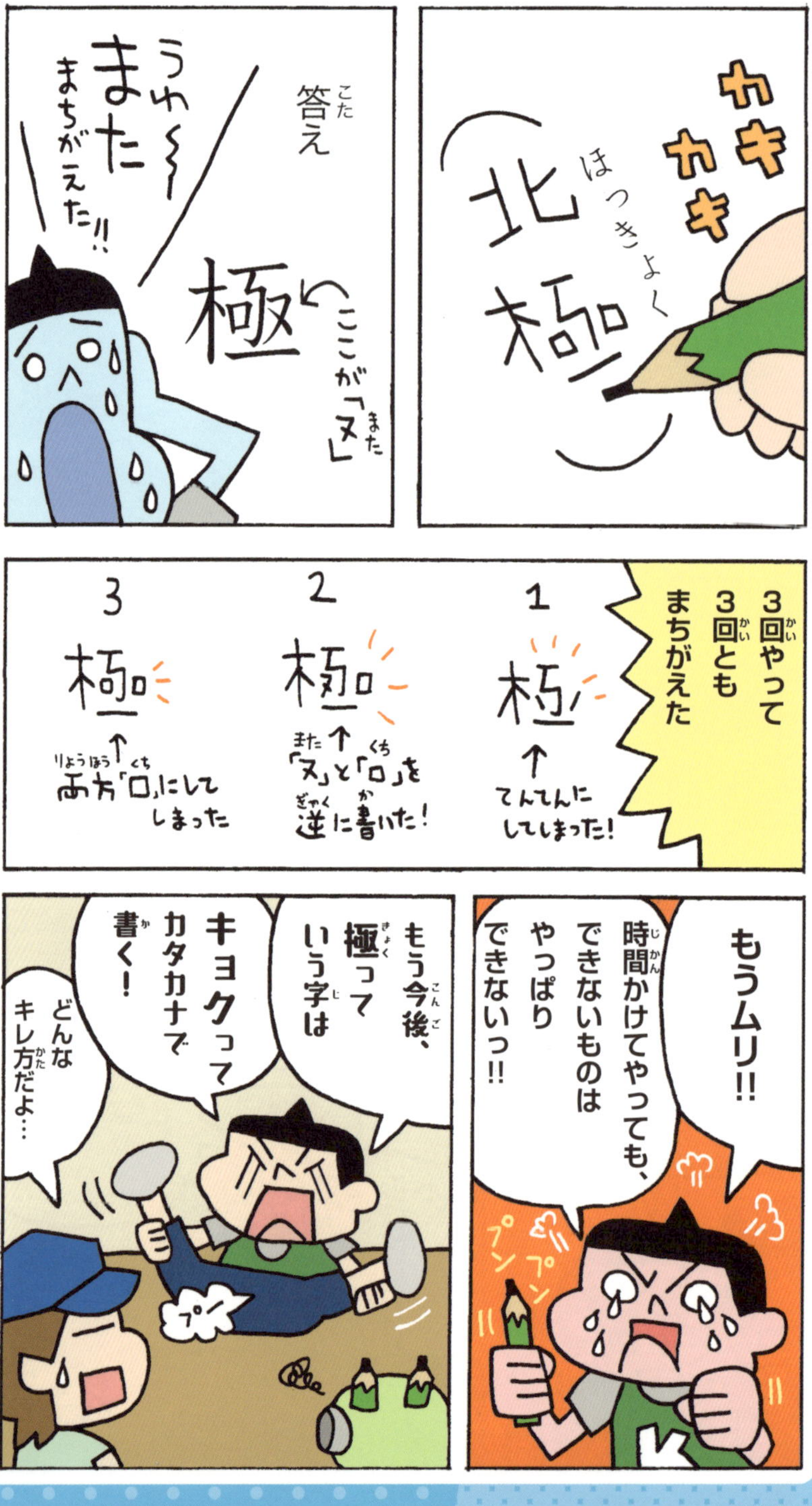

カキ カキ
北極《ほっきょく》
答《こた》え
極
ここが「又《また》」
うわ〜〜
また
まちがえた!!
3回《かい》やって
3回《かい》とも
まちがえた
1
極
てんてんに
してしまった!
2
極
「又《また》」と「口《くち》」を
逆《ぎゃく》に書《か》いた!
3
極
両方《りょうほう》「口《くち》」にして
しまった
もうムリ!!
時間《じかん》かけてやっても、
できないものは
やっぱり
できないっ!!
プン プン
もう今後《こんご》、
極《きょく》って
いう字《じ》は
キョクって
カタカナで
書《か》く!
どんな
キレ方《かた》だよ…
プー

翌日《よくじつ》——
だまされたと思《おも》って、4回目《かいめ》書《か》いてみて！
え〜
どうせ書《か》けないよ…
…ったく
カキカキ
あれ!? 書《か》けてる!!
極
ジャーン

勉強《べんきょう》とピアノの練習《れんしゅう》は似《に》ている

何度《なんど》も何度《なんど》もひけば、必《かなら》ずひけるようになる〜
勉強《べんきょう》も同《おな》じだね！
くり返《かえ》し練習《れんしゅう》することが大切《たいせつ》

サッカーのリフティング
ポンポン
なわとび
ヒュン
ヒュン
どれも、やればやるほど上達《じょうたつ》するよね
漢字《かんじ》だって計算《けいさん》だって
くり返《かえ》しやっていれば、必《かなら》ずできるようになる!!
だからかんたんにあきらめないで!
わかった!
でもそんなこと言《い》って、マナビーは宇宙人《うちゅうじん》だから勉強《べんきょう》とか超速《ちょうそく》でやってしまうんでしょ
いやー時間《じかん》かかるよ
カチボシ星《せい》は寿命《じゅみょう》が1000歳《さい》だからー
義務教育《ぎむきょういく》が120年《ねん》あるしね!
現在《げんざい》301歳《さい》
きぜつ
ブクブク

勉強《べんきょう》に頭《あたま》の良《よ》し悪《あ》しは関係《かんけい》ない。時間《じかん》をかければできるようになる！

「自分《じぶん》はもともと頭《あたま》が悪《わる》いから勉強《べんきょう》ができないんだ」

こんなふうにあきらめている人《ひと》はいないかな？　それはまちがいだ。

じつは、勉強《べんきょう》に頭《あたま》の良《よ》し悪《あ》しは関係《かんけい》ないんだ。勉強《べんきょう》は、やる量《りょう》が決《き》まっているので、たとえ時間《じかん》がかかっても量《りょう》をやりつくせば、必《かなら》ずできるようになる。もちろん、頭《あたま》の回転《かいてん》の速《はや》さや要領《ようりょう》のよさは、人《ひと》によってちがうかもしれない。でも、そんなのは大《たい》したことじゃない。だって、時間《じかん》をかけてくり返《かえ》しやれば、必《かなら》ずできるようになるのが勉強《べんきょう》なんだから。

1コマ
アドバイス
その2

自分《じぶん》の「得意技《とくいわざ》」を見《み》つけよう！

じつは、勉強《べんきょう》ができる人《ひと》はみんな、自分《じぶん》に合《あ》った「得意技《とくいわざ》」を持《も》っているんだ！

ノートをきれいにとるのが得意《とくい》なリコちゃん

人《ひと》の話《はなし》を聞《き》くのが得意《とくい》なオサムくん

オレは教科書《きょうかしょ》の大事《だいじ》なところに線《せん》を引《ひ》くのが得意《とくい》だ!!
ビーッ

苦手《にがて》なことを考《かんが》えるより、得意《とくい》なことを武器《ぶき》にして勉強《べんきょう》に取《と》り組《く》んでみよう！

第《だい》3章《しょう》

学習《がくしゅう》方法《ほうほう》を工夫《くふう》してみよう！

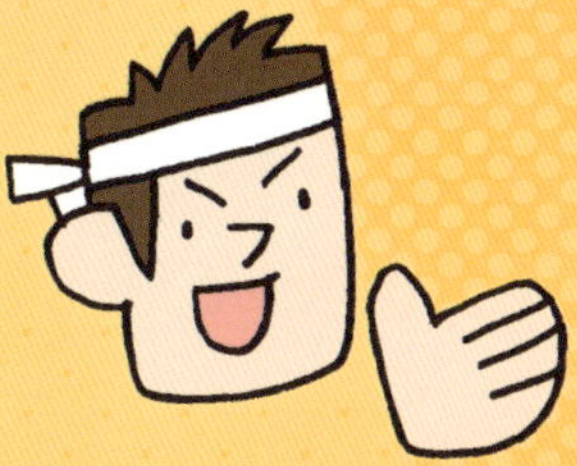

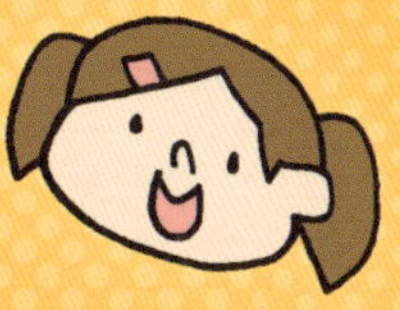

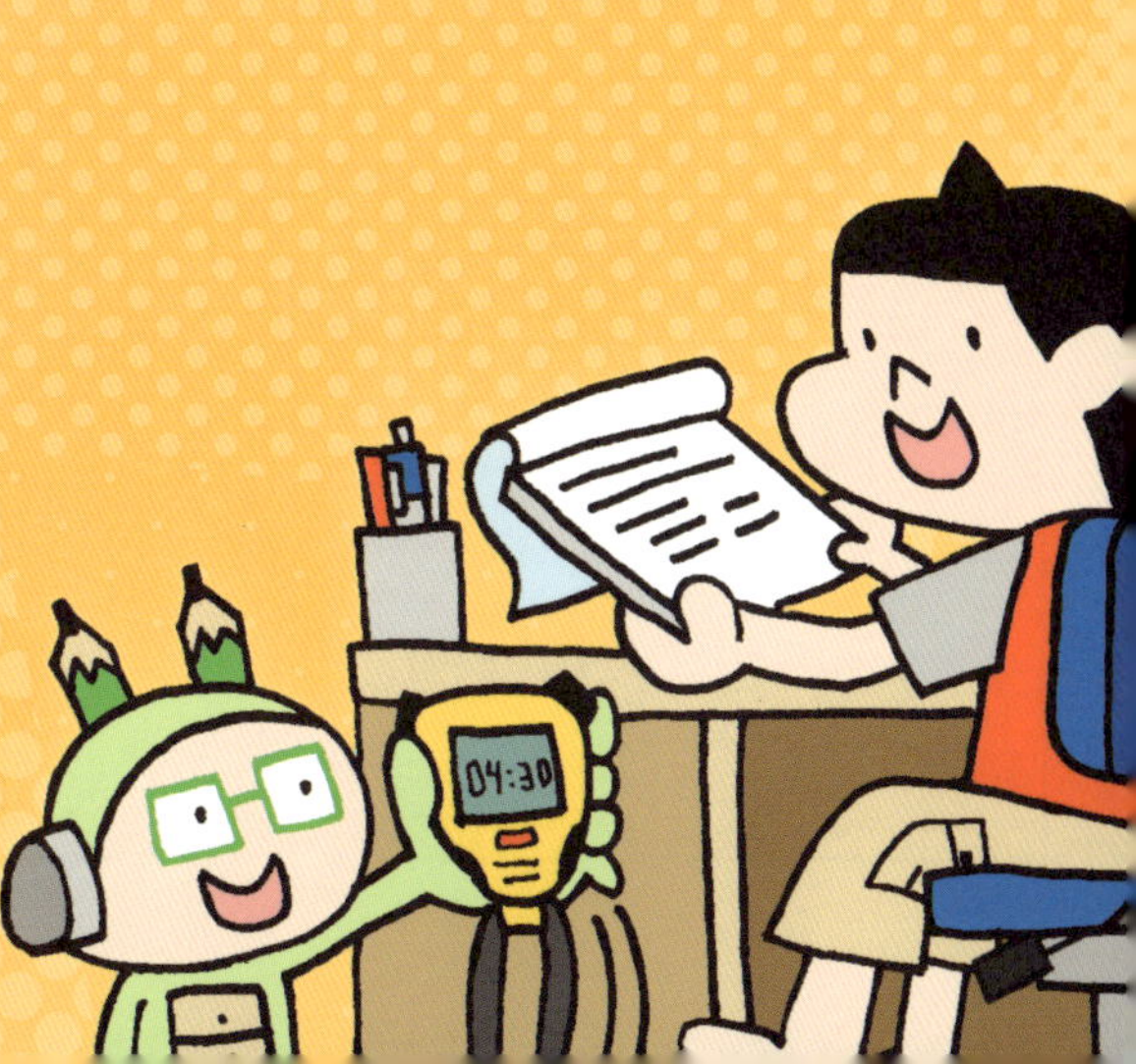

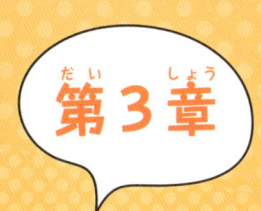

どうすれば苦手《にがて》じゃなくなるの？

オレたちはやる気《き》になった！
そして勉強《べんきょう》に対《たい》する心構《こころがま》えもできた！
でも、どうしても苦手《にがて》なものがあるんだよねー
何《なに》？
あまりのあるわり算《ざん》
ドーッ
9)61
5
45
24
これあまりがデカすぎない？
なんでこうなった…
そいつはあまりよくないね！
地球《ちきゅう》でダジャレ覚《おぼ》えたな！
うるさーい！

それは勉強《べんきょう》のやり方《かた》がまだわかっていないのかも！
まずコレを見《み》て!!
何《なに》!?
ピカー
卓球《たっきゅう》の練習《れんしゅう》!?
コン
コン
コンコン
コン
コンコン
コン
コン
卓球《たっきゅう》は見《み》ててもうまくならないよね！
試合形式《しあいけいしき》で練習《れんしゅう》しないと！
勉強《べんきょう》の場合《ばあい》はどうすればいいの？
教科書《きょうかしょ》を読《よ》んだり、必要《ひつよう》なことを覚《おぼ》えたりしたあとは―
なるほど！
コレ！
1日5分トレーニング
問題集
小4算数

翌日《よくじつ》ー
父《とう》ちゃん問題集《もんだいしゅう》買《か》ってーー!
ケントが昆虫以外《こんちゅういがい》のものをほしがるとはめずらしいな!!
何冊《なんさつ》でも買《か》ってやるぞ!!
1冊《さつ》でいいよ
おー!! これとかいいんじゃないか!!
2キロくらいある!!
最強完全問題集
小4算数
入試対応
うへ~
ズシ
ケントくんにはもうちょっと薄《うす》い問題集《もんだいしゅう》がよいのでは?
え!?
きみってこの前《まえ》からウチにいる勉強《べんきょう》の…妖精《ようせい》!?
宇宙人《うちゅうじん》だよ!
とりあえずこのくらいで!
1日5分トレーニング問題集
小4算数
ペラリ

ペラリ
1日5分トレーニング問題集
文章題
目次《もくじ》を見《み》ると20回分《かいぶん》になってるから、だいたい3週間《しゅうかん》でやり終《お》えられるね！
ホントだ!!
ありがとうございましたー
BOOKS
新刊
大ベストセラー
100万部突破
薄《うす》い問題集《もんだいしゅう》でも、1冊《さつ》やり通《とお》すことで、すごく達成感《たっせいかん》を感《かん》じられるよ！
なるほど
よーし、今日《きょう》から1日《にち》1ページ！
1日目《にちめ》
カリカリ
2日目《ふつかめ》
カリカリ
うーん
3日目《みっかめ》
あ〜っ!!

まったくわからない問題《もんだい》があるんだけど…
そういうのはとばしちゃえ!!
ピュ〜〜〜
そのとばすじゃない!
えっ
わからない問題《もんだい》やまちがえた問題《もんだい》は、赤《あか》でぐるぐる印《じるし》をつけておくんだ!
⑥62ページの本があります。1日8ペ
読み終わるのに何日かかりますか
式
答え
それで1週間《しゅうかん》たったらぐるぐる印《じるし》の問題《もんだい》だけをもう一度《いちど》やってみる
1週間後《しゅうかんご》――
うわっ!
前《まえ》にまちがえた問題《もんだい》をまたまちがえた!!
そしたら今度《こんど》は青色《あおいろ》でぐるぐる印《じるし》……!
⑥62ペー
す。1日
わるのに
すか
また来週《らいしゅう》、再《さい》チャレンジだ!!

勉強《べんきょう》のコツ①
「必殺《ひっさつ》! しぼりこみ方式《ほうしき》」

1 問題集《もんだいしゅう》1回目《かいめ》

わからない問題《もんだい》
↓
考《かんが》えこまずにとばす
↓
答《こた》えと解説《かいせつ》をよく読《よ》む
↓
わからなかった問題《もんだい》、まちがえた問題《もんだい》に
赤《あか》でぐるぐる印《じるし》をつける

2 問題集《もんだいしゅう》2回目《かいめ》

1回目《かいめ》でできた問題《もんだい》は、やらない
↓
わからない問題《もんだい》
↓
考《かんが》えこまずにとばす
↓
答《こた》えと解説《かいせつ》をよく読《よ》む
↓
2回目《かいめ》でできた問題《もんだい》は終《お》わり
↓
わからなかった問題《もんだい》、まちがえた問題《もんだい》に
1回目《かいめ》とは別《べつ》の青《あお》でぐるぐる印《じるし》をつける

3 問題集《もんだいしゅう》3回目《かいめ》

1、2回目《かいめ》でできた問題《もんだい》はやらない
↓
わからない問題《もんだい》
↓
考《かんが》えこまずにとばす
↓
答《こた》えと解説《かいせつ》をよく読《よ》む
↓
3回目《かいめ》でできた問題《もんだい》は終《お》わり
↓
わからなかった問題《もんだい》、まちがえた問題《もんだい》に、
また別《べつ》の色《いろ》でぐるぐる印《じるし》をつける

これをくり返《かえ》すんだ!

翌週《よくしゅう》ー
やった!!
とうとうできた!!
苦手《にがて》なわり算《ざん》をやっつけた!
パチパチパチパチー
やったじゃん!!
1回目《かいめ》でできなかった問題《もんだい》でも
2回《かい》、3回《かい》とやっていくと必《かなら》ずできるようになる
どの教科《きょうか》でも同《おな》じだよ
ありがとうマナビー!!
チュ〜
キミのおかげ!!
そういうのいいです!!
バタバタ
って言《い》うか、問題集《もんだいしゅう》買《か》ってやった父《とう》ちゃんにチューしろよ!
チュ〜〜
父《とう》ちゃんはヤメテ〜
まったく、しょうがないな…
わり算《ざん》だから商《しょう》はあるんだぜ!
しょうもない!

苦手克服《にがてこくふく》は練習《れんしゅう》あるのみ！くり返《かえ》せば、必《かなら》ず道《みち》は開《ひら》ける！

苦手克服《にがてこくふく》のコツ。それは練習《れんしゅう》あるのみだ。勉強《べんきょう》の練習《れんしゅう》とは、問題集《もんだいしゅう》をやること。書店《しょてん》にいろいろな問題集《もんだいしゅう》があるから、気《き》に入《い》ったものを選《えら》んでみよう。大事《だいじ》なのは、厚《あつ》すぎるものを買《か》わないこと。薄《うす》くてすぐ終《お》わりそうなものにしよう。やってみると、できない問題《もんだい》があるはずだ。でも、できなくても気《き》にしない。できなかった問題《もんだい》には印《しるし》をつけて、もう一度《いちど》やればいい。そして、全部《ぜんぶ》できるようになるまでくり返《かえ》すんだ。何《なん》度《ど》もくり返《かえ》していけば、苦手《にがて》な問題《もんだい》でも必《かなら》ずコツがつかめてくるよ。

時《じ》間《かん》を区《く》切《ぎ》って集中《しゅうちゅう》しよう！

あれ!? ケントくん？
もう集中力《しゅうちゅうりょく》切《き》れちゃった…
えー でも…
ガバッ
算数《さんすう》と国語《こくご》の問題集《もんだいしゅう》は5分《ふん》で終《お》わるはず…
1日5分トレーニング問題集
5分トレーニング集
だらだらやってるわけじゃないんだけど…それぞれ5分《ふん》のはずが30分《ぷん》ずつかかって、答《こた》え合《あ》わせにさらに30分《ぷん》―。
ホジホジ
だらだら
十分《じゅうぶん》だらだらやってるよ！
じゃあ、時間《じかん》区切《くぎ》り作戦《さくせん》で！

時間《じかん》を区切《くぎ》るの？
集中力《しゅうちゅうりょく》を高《たか》めて**勉強時間《べんきょうじかん》を短《みじか》くする**作戦《さくせん》だよ
マラソンも**ゴールが決《き》まってるからがんばれる**んだよね!!
学校《がっこう》での勉強《べんきょう》も、授業《じゅぎょう》と授業《じゅぎょう》の間《あいだ》には**休《やす》み時間《じかん》**という**区切《くぎ》り**がある
ヨーイドン!!
ゴール
だから、勉強《べんきょう》も時間《じかん》で区切《くぎ》る！
算数《さんすう》も国語《こくご》もホントに5分《ふん》でやってみよう！
わかった
ちゃんと時間《じかん》をはかってやってみるんだ！
キラーン
00:00

勉強《べんきょう》のコツ②

「ストップウォッチ勉強法《べんきょうほう》」

フゥー

1 呼吸法《こきゅうほう》で気持《きも》ちを集中《しゅうちゅう》する（57ページ）

↓

2 勉強《べんきょう》する時間《じかん》を決《き》め、ストップウォッチを押《お》す

ピッ
00:00

↓

3 集中《しゅうちゅう》して勉強《べんきょう》

国語《こくご》始《はじ》め!!
ピッ
00:0
チッ
チッ
チッ
チッ
チッ
チッ
できた!!
すごい!! 4分《ぷん》30秒《びょう》!
04:30

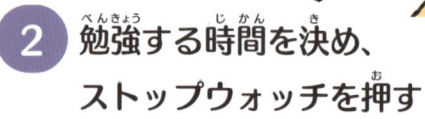

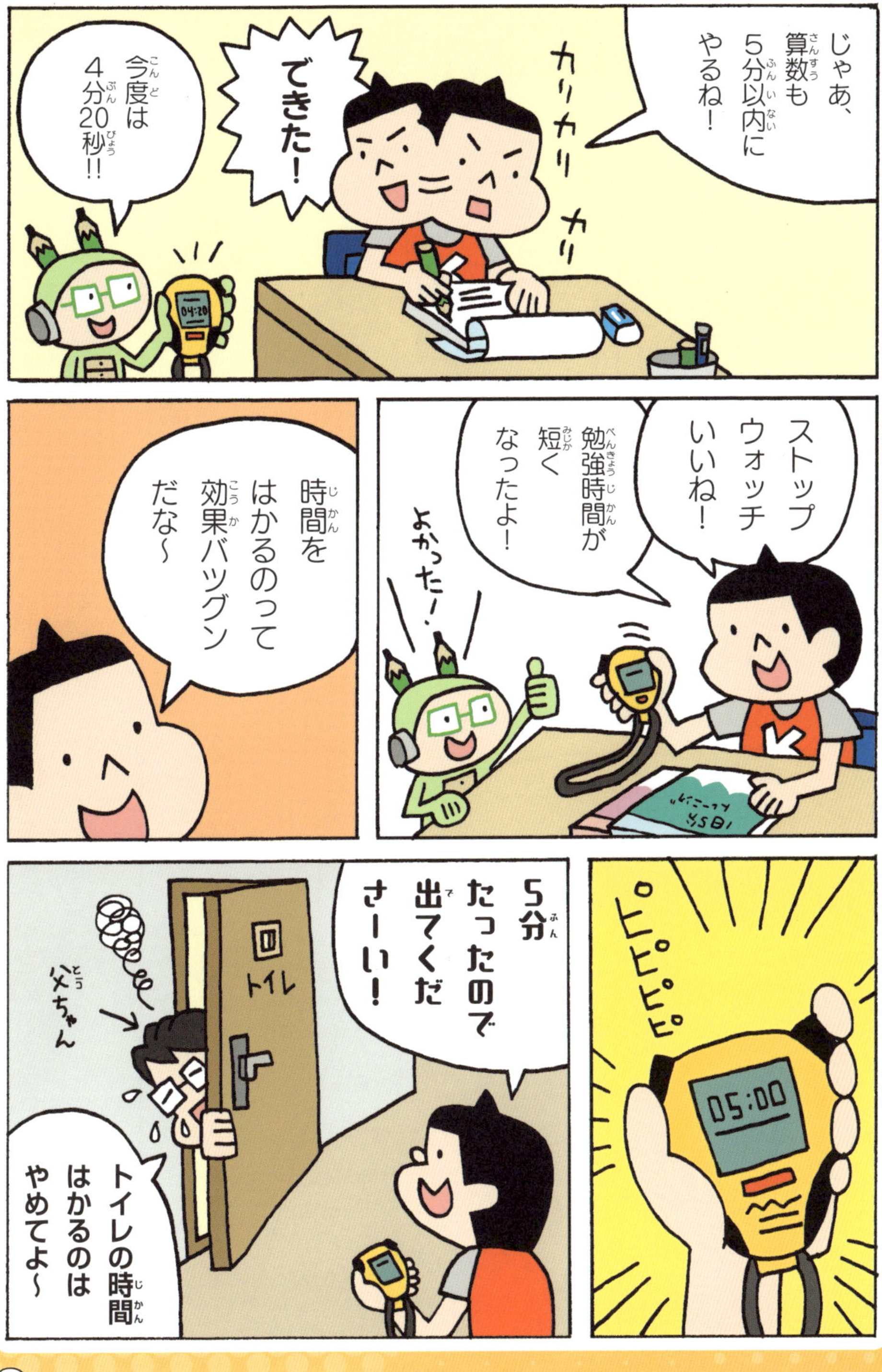
じゃあ、算数《さんすう》も5分《ふん》以内《いない》にやるね！
カリカリ
カリ
できた！
今度《こんど》は4分《ぶん》20秒《びょう》!!
04:20
ストップウォッチいいね！
勉強時間《べんきょうじかん》が短《みじか》くなったよ！
よかった！
時間《じかん》をはかるのって効果《こうか》バツグンだな～
ピピピピ
05:00
5分《ふん》たったので出《で》てくださーい！
トイレ
父《とう》ちゃん
トイレの時間《じかん》はかるのはやめてよ～

手帳《てちょう》を使《つか》って目標《もくひょう》をはっきりさせる

あと、1週間《しゅうかん》の目標《もくひょう》を机《つくえ》の近《ちか》くに、はってあるよ！
6/17～6/24の目標《もくひょう》
国語《こくご》
・問題集《もんだいしゅう》の9ページ～13ページの1回目《かいめ》
・問題集《もんだいしゅう》の1ページ～8ページの2回目《かいめ》
・作文《さくぶん》の宿題完成《しゅくだいかんせい》
算数《さんすう》
・問題集《もんだいしゅう》の8ページ～12ページの1回目《かいめ》
・問題集《もんだいしゅう》の1ページ～7ページの2回目《かいめ》
⋮
ますますすごい！
1週間《しゅうかん》やることがわかれば、あわてず余裕《よゆう》を持《も》って取《と》り組《く》めるよね
そうなの!!
オレにも手帳《てちょう》を買《か》ッテチョー
父《とう》ちゃんに言《い》えよ！

父《とう》ちゃん、手帳《てちょう》買《か》って!!
おおえらいな!
大人《おとな》の仕事《しごと》も計画《けいかく》や期限《きげん》を決《き》めないとうまくいかないからな!
納期を守ろう!
ちゃんと今週《こんしゅう》の予定《よてい》も机《つくえ》の横《よこ》にはってあるし…
○こんしゅうのよてい
ハハハ
と思《おも》ったらー
○こんしゅうのよてい
○問だい集（国語）
・虫とり（カブトムシ）
・虫とり（オニヤンマ）
・虫とり（トノサマバッタ）
・虫とり（ミズカマキリ）
・虫とり（シロスジカミキリ）
虫取《むしと》り多《おお》すぎ!
虫《むし》と同《おな》じくらいテストで点《てん》が取《と》れるといいね
だよね!

齋藤先生《さいとうせんせい》からのメッセージ

時間《じかん》はとても大切《たいせつ》なもの。ゴールを決《き》めて取《と》り組《く》もう！

勉強《べんきょう》は、一定量《いっていりょう》をやることが大事《だいじ》だけれど、だらだらと時間《じかん》をかけているだけでは効果《こうか》がない。時間《じかん》はとても大切《たいせつ》なものだから、自分《じぶん》でコントロールできるようにしないとね。勉強時間《べんきょうじかん》は、短《みじか》く区切《くぎ》って目標《もくひょう》を決《き》めたほうが集中《しゅうちゅう》できる。具体的《ぐたいてき》なゴールを決《き》めて取《と》り組《く》んだほうが、頭《あたま》に入《はい》りやすいんだ。そのためには、1週間《しゅうかん》なり1か月《げつ》なりの予定表《よていひょう》をつくることも大事《だいじ》だよ。いつまでに何《なに》をするか決《き》めておくと、1日《にち》1日《にち》の目標《もくひょう》も、はっきりしてくる。手帳《てちょう》やノートを活用《かつよう》して試《ため》してみよう！

ノートにポイントをメモしよう!

ケントやオサムは家庭学習《かていがくしゅう》のやり方《かた》がだいぶわかってきたようだな
でも、授業《じゅぎょう》を受《う》けるときに大切《たいせつ》なことがある!!
わかるかな?
ジャーン
理科
4年○組×番 与井能人
それはノートを上手《じょうず》にとること!
先生《せんせい》、ノートだったら自信《じしん》があります
お母《かあ》さんがだんだん鬼《おに》になっていくパラパラマンガ
パラパラパラ
悪《わる》いが家《いえ》でやってくれ!
すいません…
ガシッ

今《いま》から先生《せんせい》が理科《りか》の授業《じゅぎょう》を始《はじ》めるから、ノートをとってみろ
月と星の動き
南の空
月
東
西
はくちょう座
月《つき》も星《ほし》も東《ひがし》から西《にし》に動《うご》くんだ
これは大事《だいじ》!!
つまり太陽《たいよう》と同《おな》じなんだ
理科
そのわけは、地球《ちきゅう》が西《にし》から東《ひがし》へと自転《じてん》しているからだ
たとえば、はくちょう座《ざ》はどう動《うご》くと思《おも》う?
ならび方《かた》は変《か》わらずに位置《いち》だけが変《か》わるんだ

勉強《べんきょう》のコツ③「ノートを上手《じょうず》にとろう」

先生《せんせい》、ノートとりました！
どれどれ？
いちおう黒板《こくばん》を写《うつ》してはいるようだね
月と星の動き
東
西
えっ、それ以上《いじょう》に何《なに》か必要《ひつよう》なの？

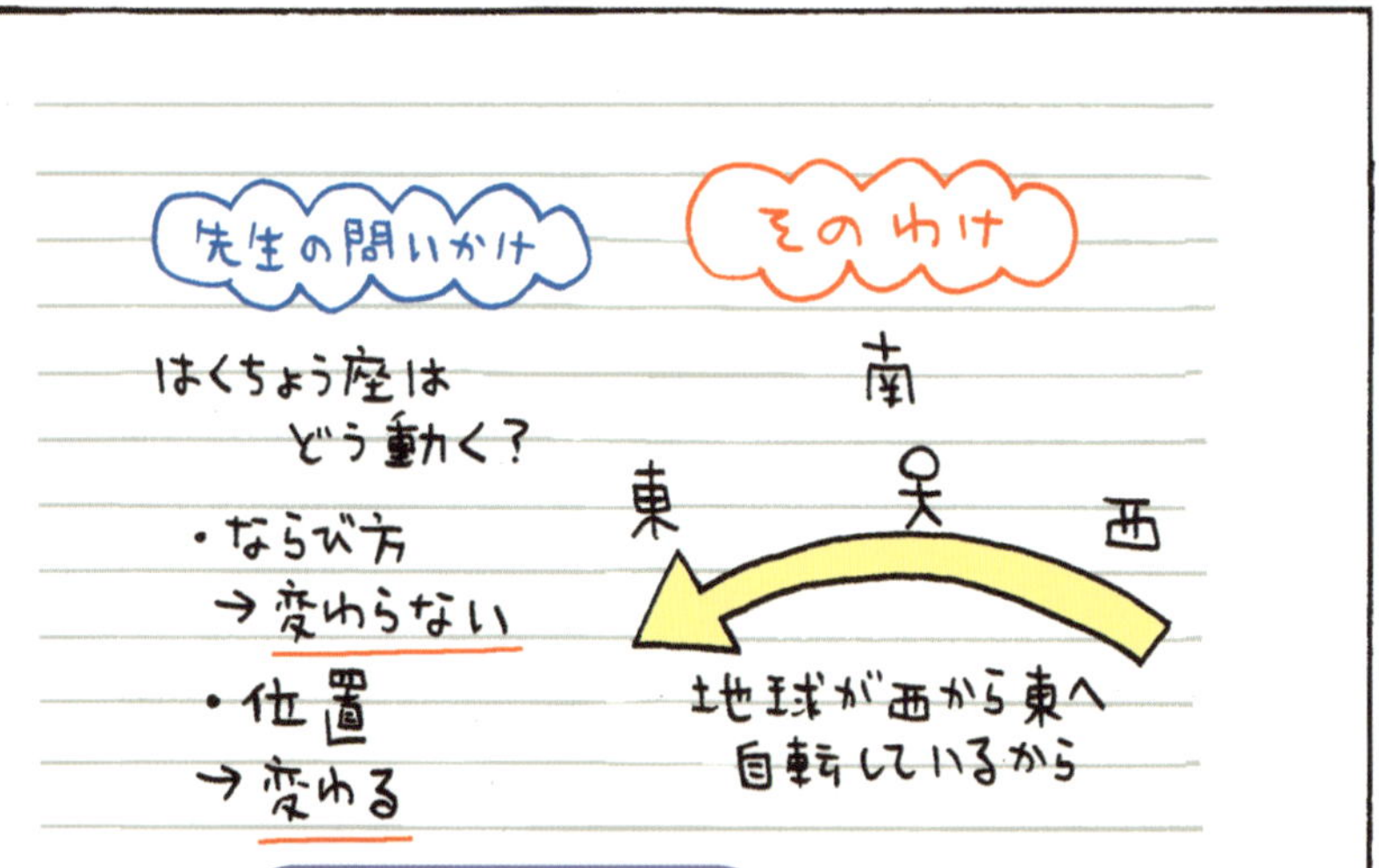

先生の問いかけ
はくちょう座はどう動く？
・ならび方
→変わらない
・位置
→変わる
そのわけ
南
東
西
地球が西から東へ自転しているから

ここがポイント！

- 先生《せんせい》の言《い》ったことも書《か》いている
- 大事《だいじ》だと言《い》われたことに印《しるし》をつけている
- 先生《せんせい》の問《と》いかけについても書《か》きとめている

リコのノートを見《み》てごらん！
黒板《こくばん》に書《か》いたことだけでなく、先生《せんせい》の言《い》ったことも書《か》いているだろ！
「大事《だいじ》!!」っていうマークもつけてるよ
読《よ》みやすい！
なるほどー
エヘ

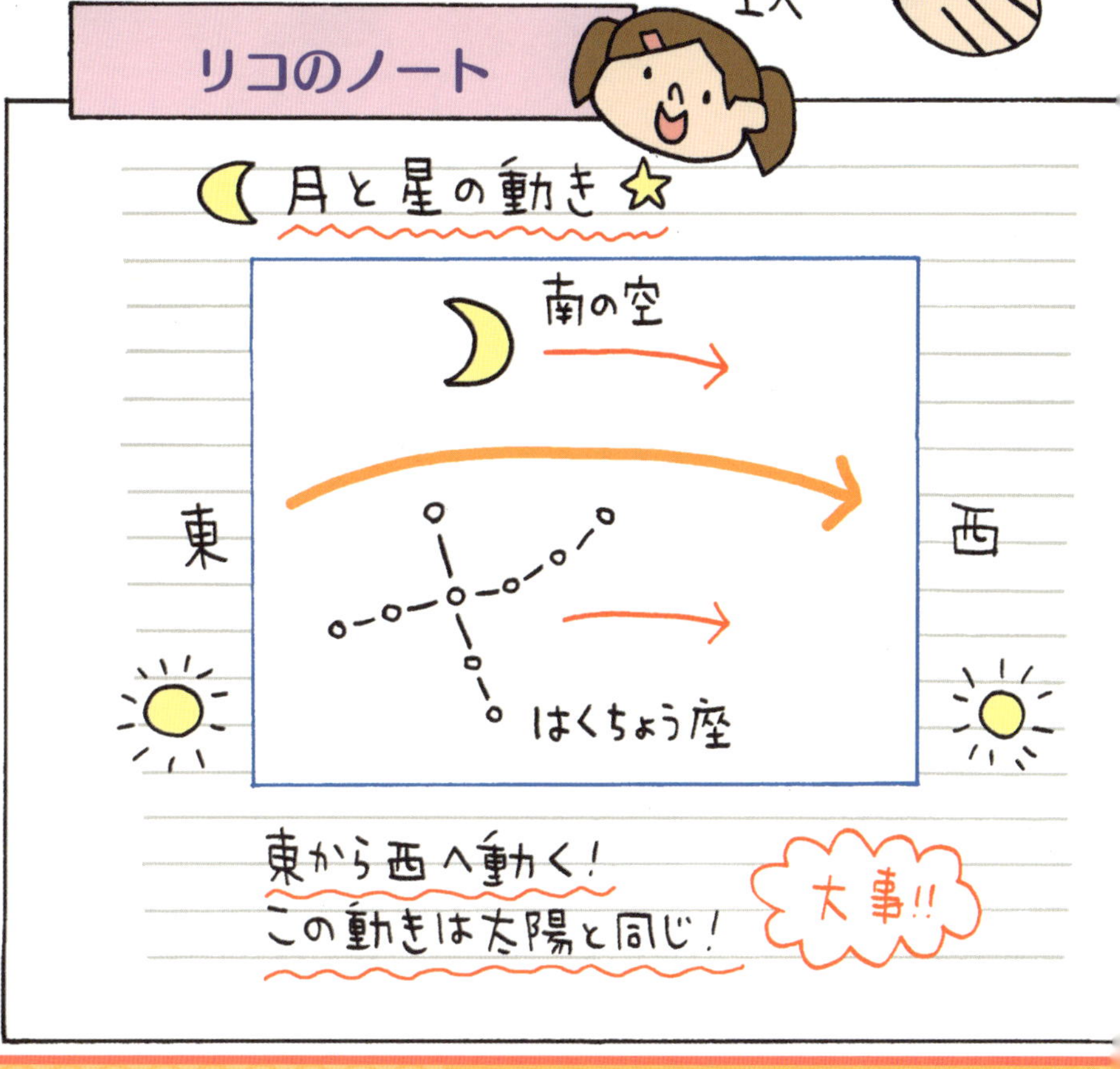
リコのノート
月と星の動き
南の空
東
西
はくちょう座
東から西へ動く！
この動きは太陽と同じ！
大事!!

ノートをとるときの注意点《ちゅういてん》

・きれいに書《か》けばいいってものじゃない

きれいに書《か》こうとばかり思《おも》って、先生《せんせい》の言《い》うことを聞《き》いていない子《こ》っているんだなー
ギク

・人《ひと》に見《み》せるためのものじゃない

自分《じぶん》が授業《じゅぎょう》をふり返《かえ》るためのものだから、**自由《じゆう》に書《か》きこんで**いいんだ!

・教科書《きょうかしょ》にも書《か》きこんでいい

教科書《きょうかしょ》の**大事《だいじ》なところに線《せん》を引《ひ》いて**もいいし、書《か》きこんでもいい。ノートのように使《つか》おう
これがリコの教科書《きょうかしょ》だぞ!
シールもはっちゃった!!
月の見え方
月が明るいのは、月が太陽の光にてらされているからです。月の表面のうち、太陽の光をあびている面が明るく見えるので、地球から見ることができます。月のうち、太陽にてらされていない、かげになっている面は、地球からはくらくて見えません。つまり月は太陽の光を反射しているのです。
大事!!

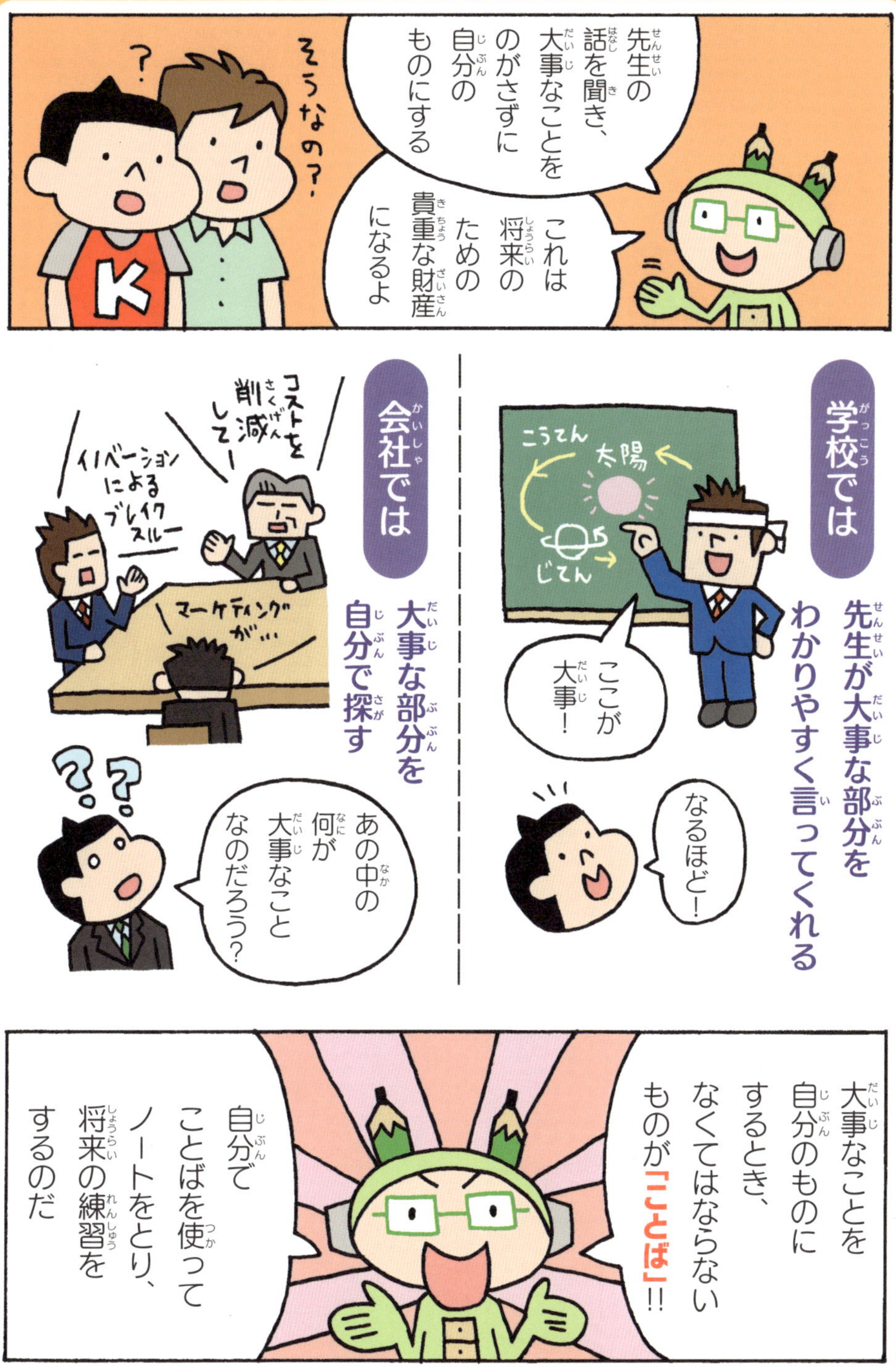

先生《せんせい》の話《はなし》を聞《き》き、大事《だいじ》なことをのがさずに自分《じぶん》のものにする
これは将来《しょうらい》のための貴重《きちょう》な財産《ざいさん》になるよ
？
そうなの？
学校《がっこう》では
先生《せんせい》が大事《だいじ》な部分《ぶぶん》をわかりやすく言《い》ってくれる
こうてん
太陽
じてん
ここが大事《だいじ》！
なるほど！
会社《かいしゃ》では
大事《だいじ》な部分《ぶぶん》を自分《じぶん》で探《さが》す
コストを削減《さくげん》して一
イノベーションによるブレイクスルー
マーケティングが…
？？
あの中《なか》の何《なに》が大事《だいじ》なことなのだろう？
大事《だいじ》なことを自分《じぶん》のものにするとき、なくてはならないものが「ことば」!!
自分《じぶん》でことばを使《つか》ってノートをとり、将来《しょうらい》の練習《れんしゅう》をするのだ

日常《にちじょう》の生活《せいかつ》でもまわりの人《ひと》たちから学《まな》んだことをメモしてみよう。習《なら》い事《ごと》をしている人《ひと》は先生《せんせい》やコーチが教《おし》えてくれたこともメモするといいよ！
MEMO
サッ
一流《いちりゅう》シェフも
Jリーガーも
プロ野球選手《やきゅうせんしゅ》も
ピアニストも
みんな練習《れんしゅう》メモをつけているんだ
なるほど なるほど
さっそくメモをとってて感心《かんしん》だね！
カキカキ
似《に》てる
?
似顔絵《にがおえ》描《か》いとったんかーい！
似《に》てないし！

メモをとる力《ちから》は将来《しょうらい》、きみの強《つよ》みになっていく！

きみは、ノートにどんなことを書《か》いているかな。先生《せんせい》が黒板《こくばん》に書《か》いたこと？ それはもちろん大事《だいじ》だけれど、さらにそこに先生《せんせい》の言《い》ったことも書《か》きこんでおこう。大事《だいじ》なところは、赤《あか》ペンなどで線《せん》を引《ひ》くとわかりやすいよ。人《ひと》の話《はな》したことの要点《ようてん》をまとめて書《か》くというのは、とてもいい勉強《べんきょう》になる。これは授業《じゅぎょう》にかぎったことじゃない。習《なら》い事《ごと》の先生《せんせい》やコーチが言《い》ったことなども、メモするといい。後《あと》で読《よ》み返《かえ》すと、必《かなら》ず役《やく》に立《た》つ。そして、メモをとる力《ちから》は社会《しゃかい》に出《で》てからもきみの強《つよ》みになるよ！

国語《こくご》はすべてに通《つう》じる大事《だいじ》な教科《きょうか》

国語《こくご》って漢字《かんじ》の書《か》きとり以外《いがい》、何《なに》やっていいか今《いま》イチわかんないよなー
勉強《べんきょう》する意味《いみ》あるのかな？
国語《こくご》の勉強《べんきょう》はいちばん大切《たいせつ》だよ！
ムー
何《なに》!?
今《いま》テレパシーを使《つか》ってきみたちの脳内《のうない》に直接《ちょくせつ》語《かた》りかけています
ムー
そんな能力《のうりょく》があったのか
……しかしなんで!?

ぼくら宇宙人《うちゅうじん》はテレパシーで交信《こうしん》できるけど
日本人《にほんじん》は日本語《にほんご》を使《つか》うよね！
日本語《にほんご》で話《はな》し、読《よ》み、書《か》き、考《かんが》える!!
日本語《にほんご》がちゃんとできるかどうかは、「国語《こくご》」という教科《きょうか》だけでなく「考《かんが》える」ことすべてに影響《えいきょう》する！
だから「ことば」をたくさん使《つか》うんだ！
ケルルンクック ああいい においだ
国語
学級会《がっきゅうかい》で自分《じぶん》の意見《いけん》を述《の》べる
ハイ
国語《こくご》の教科書《きょうかしょ》を全部《ぜんぶ》覚《おぼ》えてことばを自分《じぶん》のものにする
テレビでアナウンサーの話《はな》す内容《ないよう》をよく聞《き》く
ニュース
ニュースです…
たくさん本《ほん》を読《よ》んでことばを覚《おぼ》える

ことばを使《つか》うことが得意《とくい》になると——
社会《しゃかい》も理科《りか》も教科書《きょうかしょ》を読《よ》むと、とてもよくわかるようになる
本《ほん》がすらすら読《よ》めて、ますますことばがよくわかる!
おもしれ〜
だから国語《こくご》を勉強《べんきょう》して日本語《にほんご》をみがくんだ!
でも、算数《さんすう》だけは国語《こくご》と関係《かんけい》ないよなー
数字《すうじ》と記号《きごう》ばっかりだもん!
そんなことないよ!!
算数《さんすう》と国語《こくご》はとーっても関係《かんけい》があるんだ!

まんじゅうが全部《ぜんぶ》で30こあります。
1この箱《はこ》にまんじゅうを4こずつ入《い》れていくと、
全部《ぜんぶ》のまんじゅうを入《い》れるには、箱《はこ》が何《なん》こ必要《ひつよう》ですか？

たとえば、この問題《もんだい》はどうかな？
7
4) 30
28
2
答《こた》えは7こだ!!
あまったまんじゅうを入《い》れる箱《はこ》も必要《ひつよう》だよ！
答《こた》えは8こじゃない？
あまった2つは食《た》べればよくね？
モグモグ
オサムくんの言《い》うとおり！
30を4でわるとあまりが出《で》るけれど、そのあまったまんじゅうを入《い》れる箱《はこ》も必要《ひつよう》だ
というふうに、ことばを使《つか》って考《かんが》えられればまちがえない！
そうか、ことばを使《つか》うとわかりやすい！
ング

なるほどね!!
式《しき》を立《た》てる前《まえ》に、考《かんが》えの筋道《すじみち》をことばで表《あらわ》してみるとわかりやすいね

勉強《べんきょう》のコツ④
「算数《さんすう》の式《しき》をことばで表《あらわ》してみよう」

問題《もんだい》

時速《じそく》40km《キロメートル》で走《はし》る自動車《じどうしゃ》は、
3時間《じかん》で何km《なんキロメートル》走《はし》るでしょう？

考《かんが》えの筋道《すじみち》をことばで表《あらわ》してみると…

時速《じそく》40km《キロメートル》とは、1時間《じかん》に40km《キロメートル》走《はし》る速《はや》さ。
この速《はや》さで3時間《じかん》走《はし》るということだから、
40km《キロメートル》を3倍《ばい》した距離《きょり》を走《はし》れる。

そして式《しき》を立《た》てる

$40 \times 3 = 120$

答《こた》え　120km《キロメートル》

なるほど!

算数《さんすう》の式《しき》って、ことばをいちばんかんたんにしたものなんだ
もともとはふつうのことばだったんだよ！
だから、式《しき》をことばにしてていねいに説明《せつめい》する練習《れんしゅう》はとても大切《たいせつ》なんだ
40×3＝120
算数《さんすう》の問題《もんだい》の解《と》き方《かた》をベントモに説明《せつめい》するのはとても有効《ゆうこう》だよ（ベントモ→63ページ）
よくわかっていれば、とてもわかりやすく説明《せつめい》できるはず！
問題集
小4 算数
そういえば、前《まえ》にリコちゃんに算数《さんすう》を教《おし》えてもらったらすごくわかりやすかった
あいつ、国語《こくご》も得意《とくい》だもんな

ということで、国語《こくご》の大切《たいせつ》さがわかったかな!?
国語《こくご》ができたら、理科《りか》も社会《しゃかい》も算数《さんすう》もできる!
そっか! 明日《あした》から国語《こくご》もがんばるよ!!
オレは国語《こくご》を算数《さんすう》の式《しき》で表《あらわ》す方法《ほうほう》を思《おも》いついた!
何《なに》それ!?
5+9+5=595《こくご》!!
すげー
ケント天才《てんさい》じゃん!!
今《いま》イチわかってないみたいだけど大丈夫《だいじょうぶ》かな…

国語《こくご》は勉強《べんきょう》のなかでもっとも重要《じゅうよう》。「考《かんが》える力《ちから》」に関《かか》わってくるんだ！

わたしたち日本人《にほんじん》は、ものを考《かんが》えるとき、日本語《にほんご》を使《つか》って考《かんが》えるよね。ことばを正《ただ》しく知《し》っていないと、考《かんが》える内容《ないよう》が薄《うす》くなって、考《かんが》えるスピードもおそくなる。日本語《にほんご》がちゃんと使《つか》えるかどうかは、ちゃんと考《かんが》えられるかどうかに関《かか》わってくるんだ。そういう意味《いみ》でも、国語《こくご》はとても大《だい》事《じ》な教科《きょうか》なんだ。すべての勉強《べんきょう》のもとになるので、日本語《にほんご》を徹底的《てっていてき》にみがくようにしよう。どんな本《ほん》でもすらすら読《よ》めて、内容《ないよう》も理解《りかい》できるようになれば、全教科《ぜんきょうか》こわいものなしだ！

予習《よしゅう》と復習《ふくしゅう》って必要《ひつよう》なの？

よし！
今日《きょう》習《なら》ったところの勉強《べんきょう》はできた！
オレも終《お》わった！
パタン
戦《たたか》いの始《はじ》まりだ!!
どりゃあー
しんぶんしを丸《まる》めたやつ
うおー
復習《ふくしゅう》が終《お》わったら予習《よしゅう》もやってみれば？
学校《がっこう》で習《なら》ったところを思《おも》い出《だ》して、もう一度《いちど》勉強《べんきょう》するのが…復習《ふくしゅう》だよね
さっきやってたやつね
父《ちち》のかたき！
それは復讐《ふくしゅう》！
デヤ
パコーン

教《おそ》わる前《まえ》に、自分《じぶん》なりに勉強《べんきょう》しておくことが予習《よしゅう》…
ということは母《はは》のかたき!?
なわけないだろ！
パシッ
でも、習《なら》ってないところを勉強《べんきょう》してわかるの？
案外《あんがい》できるものだよ！
教科書《きょうかしょ》は順序《じゅんじょ》よく書《か》いてあるからね!!
分数
さっきやったとこの続《つづ》きから
なんとなくわかる…
どれどれ
予習《よしゅう》をすると、授業《じゅぎょう》が復習《ふくしゅう》になるからよくわかるよ!!

勉強《べんきょう》のコツ⑤
「予習《よしゅう》をやってみよう！」

予習《よしゅう》

次《つぎ》の授業《じゅぎょう》で勉強《べんきょう》するところの教科書《きょうかしょ》を読《よ》んでおく

授業《じゅぎょう》

一度《いちど》勉強《べんきょう》してあるので復習《ふくしゅう》にもなる

復習《ふくしゅう》

二度目《にどめ》の復習《ふくしゅう》になるので、短時間《たんじかん》でよくできる

予習《よしゅう》をしてないとき

授業《じゅぎょう》

初《はじ》めて勉強《べんきょう》する内容《ないよう》なので、聞《き》きのがしてはいけない

復習《ふくしゅう》

よくわからないところは、自分《じぶん》で解決《かいけつ》しなければならない

ということで予習《よしゅう》したふたりーー
1/2
0
1/3
1
おー、いつもよりよくわかる
わかるからおもしろい！
たしかに！
今日《きょう》も、帰《かえ》ったら明日《あした》の予習《よしゅう》しよっと!!
翌日《よくじつ》ーー
おはよう、ケント!! …ってテンション低《ひく》いな…
おはよ……
トボ
トボ
予習《よしゅう》で国語《こくご》の教科書《きょうかしょ》読《よ》んだんだけどー
かわいそうなキツネの話《はなし》だったー
おまえだったのか！
ドヨ
それな…

テスト勉強《べんきょう》ってどうやるの？

あーっ!
明日《あした》
テストって
先生《せんせい》が言《い》ってた
気《き》がするーっ!!
えっ
何《なん》の教科《きょうか》の
テストなの?
うう〜ん
思《おも》い出《だ》せ
ない!!
マナビー
明日《あした》のテスト
なんだろう?
あわあわ
知らないよ!

教科書《きょうかしょ》で1つの単元《たんげん》が終《お》わると、テストがあるよね

算数《さんすう》でいえば、面積《めんせき》とか分数《ぶんすう》とか1つのかたまりが終《お》わったとき

そろそろその単元《たんげん》が終《お》わりそうだな、と思《おも》ったら復習《ふくしゅう》しておくと心配《しんぱい》がない

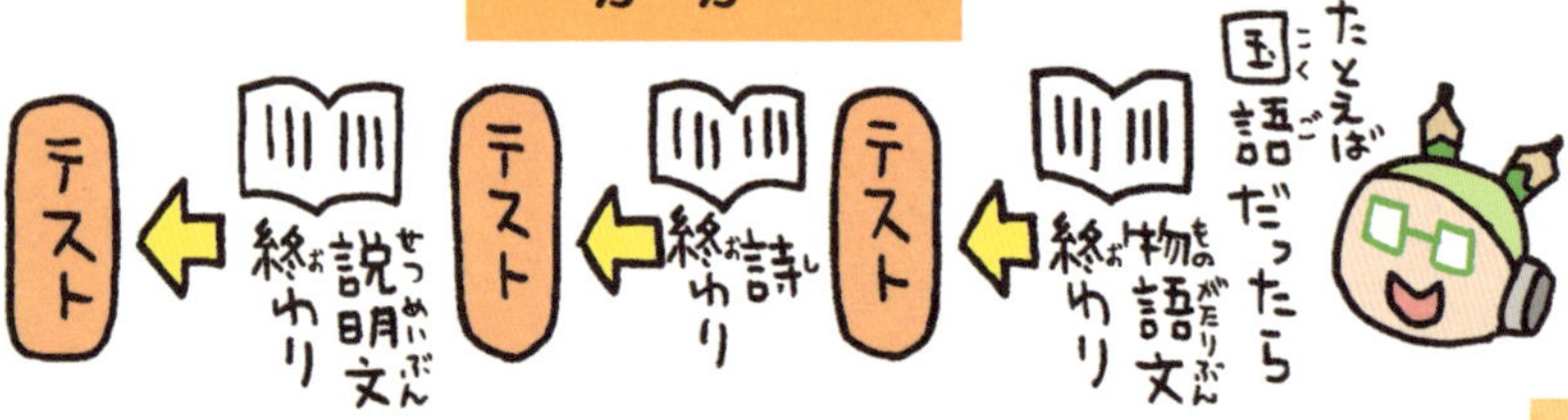
たとえば国語《こくご》だったら
物語文《ものがたりぶん》終《お》わり
テスト
詩《し》終《お》わり
テスト
説明文《せつめいぶん》終《お》わり
テスト

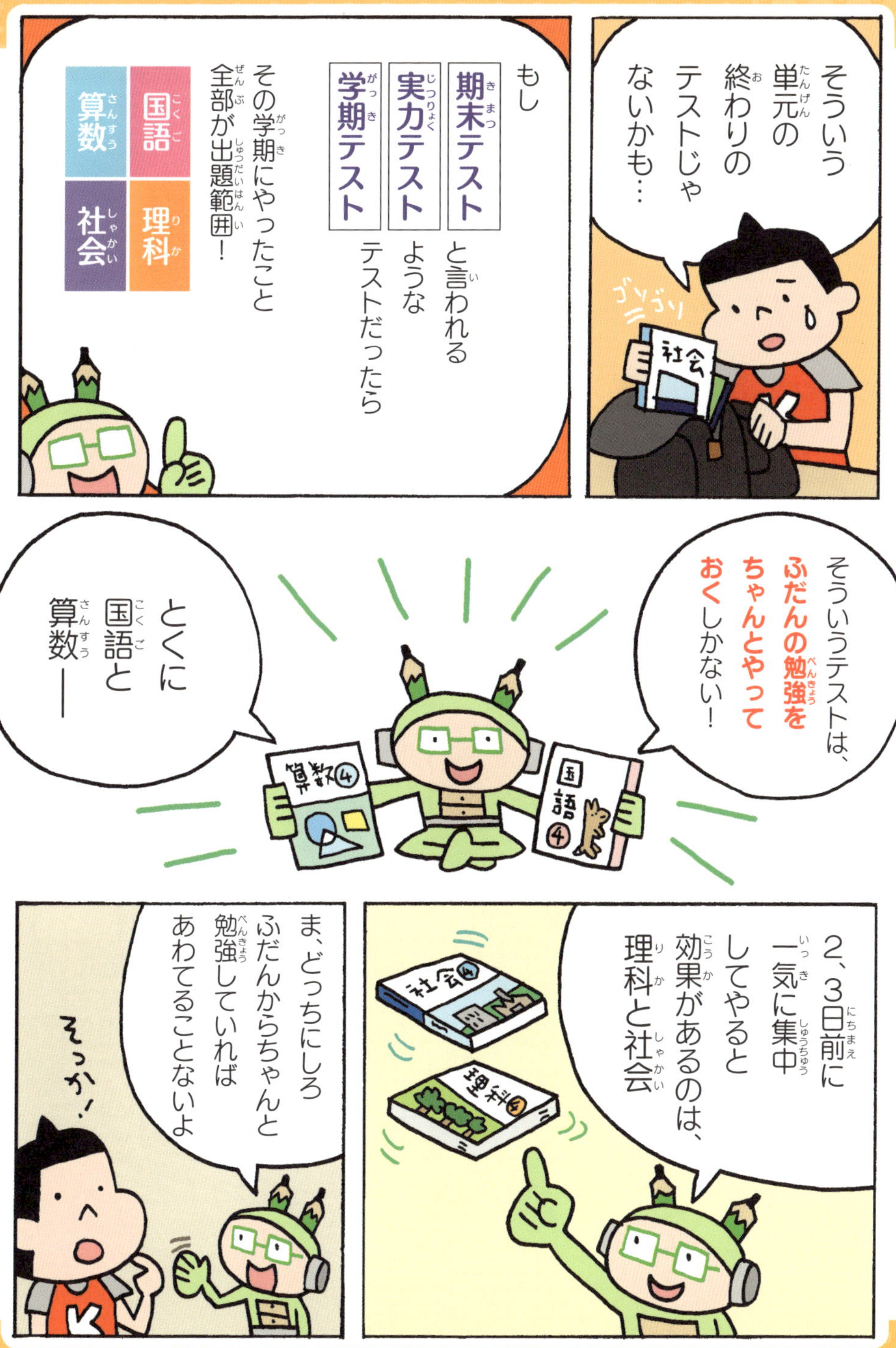
そういう単元《たんげん》の終《お》わりのテストじゃないかも…
ゴソゴソ
社会
もし期末《きまつ》テスト 実力《じつりょく》テスト 学期《がっき》テストと言《い》われるようなテストだったら
その学期《がっき》にやったこと全部《ぜんぶ》が出題範囲《しゅつだいはんい》！
国語《こくご》 理科《りか》 算数《さんすう》 社会《しゃかい》
そういうテストは、ふだんの勉強《べんきょう》をちゃんとやっておくしかない！
とくに国語《こくご》と算数《さんすう》――
国語4
算数4
2、3日前《にちまえ》に一気《いっき》に集中《しゅうちゅう》してやると効果《こうか》があるのは、理科《りか》と社会《しゃかい》
社会4
理科4
ま、どっちにしろふだんからちゃんと勉強《べんきょう》していればあわてることないよ
そっか！

勉強《べんきょう》（テスト前《まえ》）のコツ⑥
「暗《あん》記《き》科《か》目《もく》は2〜3日前《にちまえ》に集中《しゅうちゅう》勉強《べんきょう》」

算《さん》数《すう》・国《こく》語《ご》

- いきなりやっても、実力《じつりょく》はすぐにのびない
- ふだんの勉強《べんきょう》をやっていればあわてなくていい

テスト範囲《はんい》の勉強《べんきょう》は、自然《しぜん》に終《お》わっているはず

理《り》科《か》・社《しゃ》会《かい》

- 覚《おぼ》えることが多《おお》いので、2〜3日前《にちまえ》に集中《しゅうちゅう》して覚《おぼ》える

翌日《よくじつ》ー
ハイ、今《いま》からテストしまーす！
なわとびのテストだった…
どうしたケント？
あんなにあせることなかった…

大切《たいせつ》なのは、くり返《かえ》すことと、効果的《こうかてき》な勉強法《べんきょうほう》を身《み》につけること！

勉強《べんきょう》は、同《おな》じことを二度《にど》くり返《かえ》すと頭《あたま》に残《のこ》りやすい。そのために復習《ふくしゅう》は有効《ゆうこう》だし、宿題《しゅくだい》にも復習《ふくしゅう》になるものが出《で》る。でも、ときには予習《よしゅう》にもチャレンジしてみよう。家《いえ》で予習《よしゅう》すれば、学校《がっこう》の授業《じゅぎょう》が復習《ふくしゅう》になるんだ。みっちり復習《ふくしゅう》できるから、これって案外《あんがい》、効果的《こうかてき》だよ。ぜひ試《ため》してみて。

また、学期《がっき》の中間《ちゅうかん》や最後《さいご》などに、総復習《そうふくしゅう》のテストが行《おこな》われることがあるよね。算数《さんすう》や国語《こくご》はふだんからやっておくようにして、暗記《あんき》の必要《ひつよう》な社会《しゃかい》や理科《りか》は、テスト直前《ちょくぜん》に集中《しゅうちゅう》して勉強《べんきょう》するといいよ。

1コマアドバイス その3

英語《えいご》もことば、習《なら》うより慣《な》れろ!?

英語《えいご》は楽《たの》しいと思《おも》えないと、できるようにならない。読《よ》み、書《か》きといったむずかしいことは、中《ちゅう》高生《こうせい》になってからでもできる。まずは**ゲーム感《かん》覚《かく》で聞《き》く、話《はな》すこと**から始《はじ》めてみよう！

ナ、ナ、ナ、ナイス トゥミートゥー！
アワアワ
ハーイ

Hello!!

覚《おぼ》えた単語《たんご》やフレーズを、知《し》っている外国人《がいこくじん》や家族《かぞく》の人《ひと》に通《つう》じるか試《ため》してみよう！
はずかしがらないことがポイントで、通《つう》じれば英語《えいご》が楽《たの》しくなってくるよ。

Let's do it!

話《はなし》の内容《ないよう》をよく知《し》っている物語《ものがたり》の英語版《えいごばん》のCD《シーディー》などをくり返《かえ》し聞《き》いていると、だんだん言《い》っていることがわかってくるよ！この方法《ほうほう》は、何度《なんど》も聞《き》くことがポイントだよ。

第《だい》4章《しょう》

どうして勉強《べんきょう》しなきゃいけないの？

動物《どうぶつ》や虫《むし》たちはいいなあ…

くわっ
最初《さいしょ》はグー
ジャンケンポーン!
勝《か》った!
プッ
リコちゃんにヤバいとこ見《み》られたー
そういう子《こ》だって知《し》ってるから大丈夫《だいじょうぶ》よ
キャー
動物《どうぶつ》とか虫《むし》って、勉強《べんきょう》しなくていいからいいよな~
まあね

勉強《べんきょう》しなくていい動物《どうぶつ》はいいな～とか、なぜ勉強《べんきょう》するんだろうとか
先生《せんせい》も子《こ》どものころ考《かんが》えたことあるぞ!!
熱田《あつた》先生《せんせい》!

これ見《み》たことあるよね?
ジャン
10000
壱万円
えっ、くれるの!?
なわけないだろ!
ごほうび?

この人《ひと》は今《いま》から150年《ねん》ほど前《まえ》に『学問《がくもん》のすゝめ』を書《か》いた福沢諭吉先生《ふくざわゆきちせんせい》だ!

福沢諭吉《ふくざわゆきち》

（1835年《ねん》～1901年《ねん》）

大坂《おおさか》（現《げん》・大阪《おおさか》）生《う》まれ。豊前国《ぶぜんのくに》（今《いま》の福《ふく》岡県《おかけん》・大分県《おおいたけん》）中津藩士《なかつはんし》。大坂《おおさか》で蘭学《らんがく》を学《まな》び、江戸《えど》で蘭学塾《らんがくじゅく》（のちの慶應義塾《けいおうぎじゅく》）を開《ひら》いた。独学《どくがく》で英語《えいご》を勉強《べんきょう》、欧米《おうべい》を視察《しさつ》して西洋文化《せいようぶんか》を広《ひろ》める。※明治維新《めいじいしん》の後《あと》は、教《きょう》育《いく》と啓蒙活動《けいもうかつどう》に専念《せんねん》した。著書《ちょしょ》に『西洋事《せいようじ》情《じょう》』や『学問《がくもん》のすゝめ』などがある。

※明治時代《めいじじだい》のはじめに、明治新政府《めいじしんせいふ》が徳川幕府《とくがわばくふ》をたおして、日本《にほん》を近代国家《きんだいこっか》にするため行《おこな》った改革《かいかく》のこと。

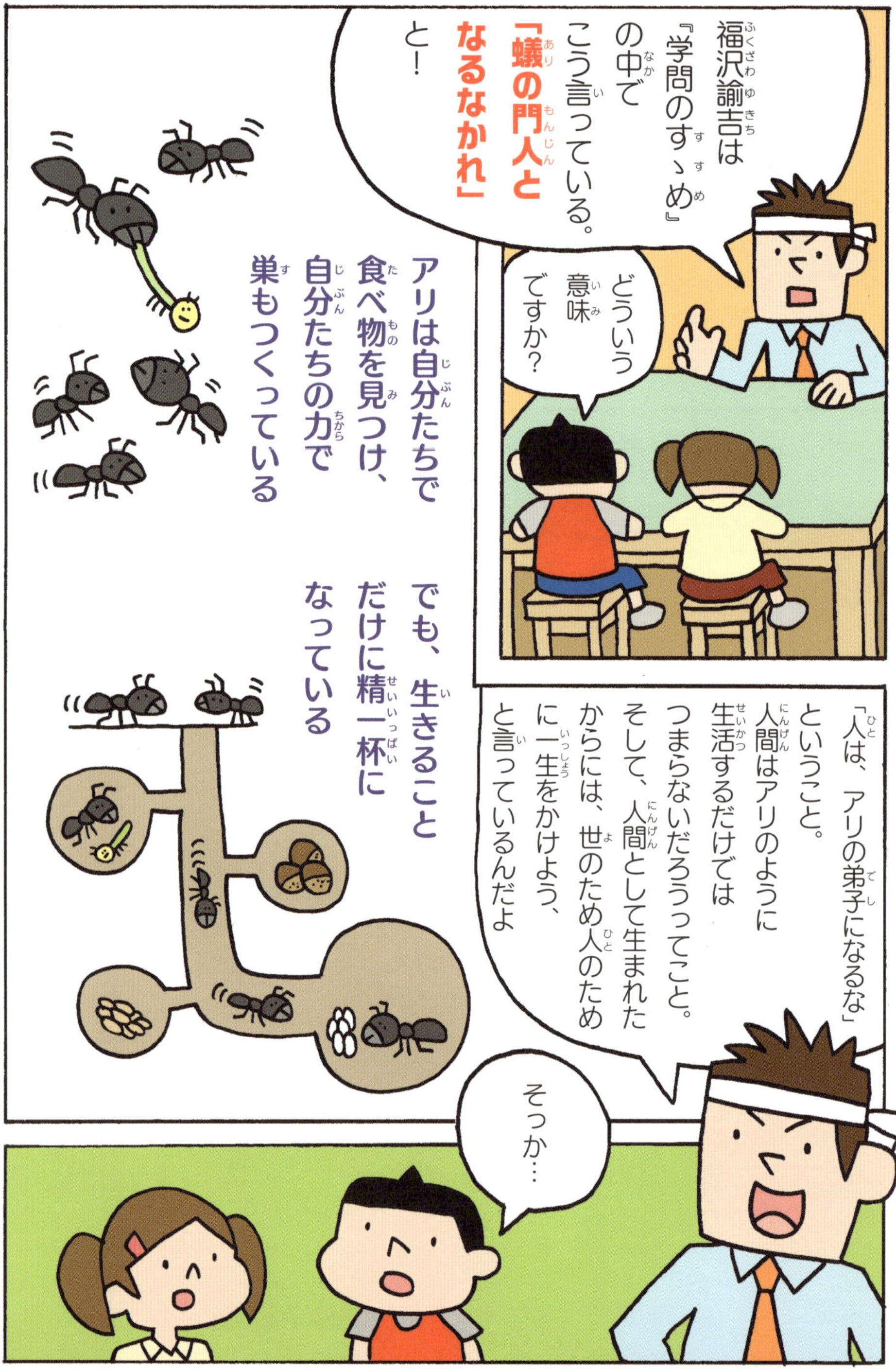
福沢諭吉《ふくざわゆきち》は『学問《がくもん》のすゝめ《すすめ》』の中《なか》でこう言《い》っている。「蟻《あり》の門人《もんじん》となるなかれ」と!
どういう意味《いみ》ですか?
アリは自分《じぶん》たちで食《た》べ物《もの》を見《み》つけ、自分《じぶん》たちの力《ちから》で巣《す》もつくっている
でも、生《い》きることだけに精一杯《せいいっぱい》になっている
「人《ひと》は、アリの弟子《でし》になるな」ということ。人間《にんげん》はアリのように生活《せいかつ》するだけではつまらないだろうってこと。そして、人間《にんげん》として生まれたからには、世《よ》のため人《ひと》のために一生《いっしょう》をかけよう、と言《い》っているんだよ
そっか…

人間《にんげん》の生活《せいかつ》とアリの生活《せいかつ》

人間《にんげん》		アリ
 いろいろな仕事《しごと》を自分《じぶん》で選《えら》んで社会《しゃかい》の役《やく》に立《た》つ	労働《ろうどう》	 生《い》きるために決《き》まった仕事《しごと》をするだけ
 おいしいものを食《た》べて楽《たの》しむ	食《しょく》	 生《い》きるために食《た》べる
 快適《かいてき》な環境《かんきょう》をつくれる	住《じゅう》	 巣《す》をつくってすんでいる
 する	勉強《べんきょう》	しない
 喜《よろこ》び、苦《くる》しみ、悲《かな》しみ…などいろいろ	感情《かんじょう》	（たぶん）ない

アリは勉強《べんきょう》しなくていいけど、ただ生《い》きてるだけでつまらないかもなー
われわれ人間《にんげん》は生物《せいぶつ》としての種《しゅ》でいうと、ホモ・サピエンスという
「知《ち》の人《ひと》」という意味《いみ》なのだ
頭《あたま》のいい人類《じんるい》！
福沢諭吉《ふくざわゆきち》の生《う》まれた江戸《えど》時代《じだい》は、生《う》まれながらに職業《しょくぎょう》が決《き》まっていた
武士《ぶし》の子《こ》は武士《ぶし》
農民《のうみん》の子《こ》は農民《のうみん》
これが身分制度《みぶんせいど》や門閥社会《もんばつしゃかい》だ
福沢諭吉《ふくざわゆきち》は、門閥社会《もんばつしゃかい》をやめようとうったえたんだ！
職業《しょくぎょう》が選《えら》べないのは確《たし》かにイヤだわ

門閥社会《もんばつしゃかい》（江戸時代《えどじだい》）と現代社会《げんだいしゃかい》

江戸時代《えどじだい》		現代《げんだい》

勉強《べんきょう》

寺小屋《てらこや》で読《よ》み・書《か》き・そろばんを習《なら》った

小《しょう》・中学校《ちゅうがっこう》は義務教育《ぎむきょういく》。そのほか高等学校《こうとうがっこう》・大学《だいがく》・大学院《だいがくいん》・専門学校《せんもんがっこう》などでいろいろなことを学《まな》べる

職業《しょくぎょう》

親《おや》		子《こ》
農民《のうみん》	→	農民《のうみん》
下級武士《かきゅうぶし》	→	下級武士《かきゅうぶし》
上級武士《じょうきゅうぶし》	→	上級武士《じょうきゅうぶし》
商人《しょうにん》	→	商人《しょうにん》

身分《みぶん》や地位《ちい》、職業《しょくぎょう》が、生《う》まれながらに決《き》まっていた

いろいろな勉強《べんきょう》をすることによって、自由《じゆう》に職業《しょくぎょう》を選《えら》ぶことができる

福沢《ふくざわ》諭吉《ゆきち》は、
「せっかく人間《にんげん》として生《う》まれてきたのだから、勉強《べんきょう》して好《す》きな仕事《しごと》をして生《い》きよう！」
と言《い》ったんだ

学《まな》ぶことは自分《じぶん》の可能性《かのうせい》を広《ひろ》げること
学《まな》ぶことで、わたしたちは動物《どうぶつ》や虫《むし》よりも豊《ゆた》かに生《い》きられるんだよ…
なぜ勉強《べんきょう》するのかわかった人《ひと》、手《て》をあげて！
ハイ
コイツも手《て》あげてますけど！
ハーイ
しかも両手《りょうて》！
うひゃー
水槽《すいそう》にもどして!!

齋藤先生《さいとうせんせい》からのメッセージ

勉強《べんきょう》ができる生物《せいぶつ》であることを喜《よろこ》びとして生《い》きよう!

きみは、動物《どうぶつ》や虫《むし》は勉強《べんきょう》しなくていいから、うらやましいと思《おも》うかい? 住《す》む場所《ばしょ》があって、働《はたら》いて、食《た》べる。これは昆虫《こんちゅう》のアリも同《おな》じだよね。でも、アリと同《おな》じではつまらなくないかな。人間《にんげん》はそれだけじゃない。人間どうしで遊《あそ》び、語《かた》り合《あ》い、競《きそ》い合《あ》う。そして苦《くる》しんだり喜《よろこ》んだりする。そのために自分《じぶん》を高《たか》め、勉強《べんきょう》する。せっかく人間《にんげん》として生《う》まれてきたんだ。勉強《べんきょう》ができる生物《せいぶつ》であることを、喜《よろこ》びとして生《い》きてみようよ。その喜《よろこ》びを感《かん》じられれば、きみたちの人生《じんせい》は、確実《かくじつ》に豊《ゆた》かなものになるんだ。

わたしたちが勉強《べんきょう》する理由《りゆう》は？

オレんちはパン屋《や》さんだから、
パン
WELCOME
将来《しょうらい》、お父《とう》さんのあとをついでパン職人《しょくにん》になりたいんだけど
そっか
それでも勉強《べんきょう》する必要《ひつよう》あるの？
確《たし》かに、パン屋《や》さんはパンの焼《や》き方《かた》を知《し》ってればいいんじゃないの？
あとお金《かね》の計《けい》算《さん》
今《いま》は勉強《べんきょう》をやらされているような感《かん》じがして、そんなふうに思《おも》うのかもしれないけど
大人《おとな》になったら、勉強《べんきょう》したいことがいっぱいあることに気《き》づくと思《おも》うよ!!
これがそのイメージだよ!!
ピカー

世《よ》の中《なか》は、勉強《べんきょう》したくなる「知識《ちしき》の草原《そうげん》」

どうやってつかまえたらいいの？
この投《な》げなわを使《つか》うんだ！
知識《ちしき》投《な》げなわ!!
ホラあれ！
ヒュンヒュン
ヒュッ
シパッ
経営《けいえい》
よし、つかまえた!!
こいつはパン屋《や》の仕事《しごと》に役立《やくだ》ちそう！
おーよしよし
経営《けいえい》
でしょ！学校《がっこう》の勉強《べんきょう》は、人生《じんせい》に役立《やくだ》つ知識《ちしき》を増《ふ》やす、基礎《きそ》になっているんだよ！

いっぱいつかまえたよ！
こうやっていろんな知識《ちしき》を手《て》に入《い》れると、多《おお》くの人《ひと》と出会《であ》って楽《たの》しい話《はなし》ができるし、
いろんなことにチャレンジしたり仲間《なかま》を増《ふ》やしたりすることもできるんだ!!
芸《げい》
栄養《えいよう》
心理学《しんりがく》
健康《けんこう》
食文化《しょくぶんか》
経営《けいえい》
楽《たの》しそう！
学《まな》ぶことの大切《たいせつ》さが少《すこ》しわかりました
あれ、ケントくんは？
キョロ キョロ
なんかよくわからんヤツをつかまえてしまった〜
量子力学《りょうしりきがく》
ドス ドス ドス ドス
ズサササー

どんな仕事《しごと》にも勉強《べんきょう》は役《やく》立《だ》つ!

わたしはファッションデザイナーになりたいんだけど、
やっぱり勉強《べんきょう》は役《やく》に立《た》つ?

ファッションデザイナーって、服《ふく》をデザインする人《ひと》でしょ!
じゃあ、家庭科《かていか》と図工《ずこう》くらい?
そうかな
そんなことないよ!

全部《ぜんぶ》の教科《きょうか》がすべて役《やく》に立《た》つ!!

さんすう
算数
4
こくご
りか
しゃかい

勉強《べんきょう》する態度《たいど》や方法《ほうほう》、気持《きも》ちでさえも役《やく》に立《た》つんだ!!

気持《きも》ちさえも!?

勉強《べんきょう》が役立《やくだ》つ
ファッションデザイナーの仕事《しごと》

・デザインの歴史《れきし》は？

・今流行《いまりゅうこう》のデザインは？

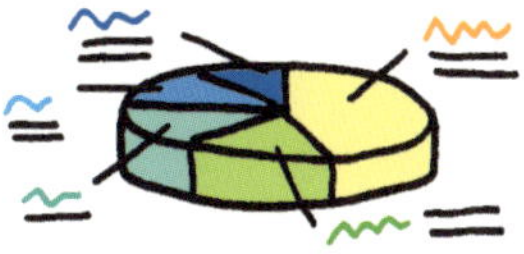

・これからどんな
デザインが求《もと》められる？

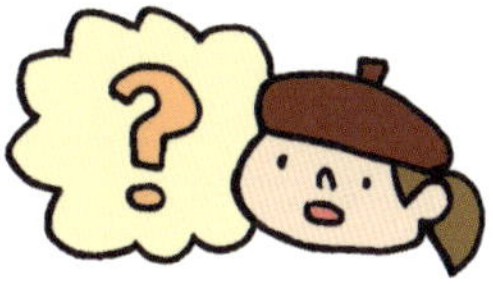

・材料《ざいりょう》の質《しつ》や価格《かかく》は？

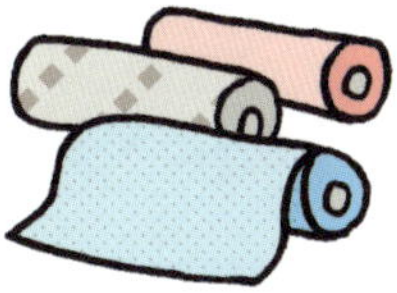

→ 国語《こくご》・算数《さんすう》・理科《りか》・社会《しゃかい》のすべてが役立《やくだ》つ

本《ほん》　インターネット　取材《しゅざい》

調《しら》べる方法《ほうほう》も学校《がっこう》で経験《けいけん》しているから自然《しぜん》にできる

計算《けいさん》や資料《しりょう》を読《よ》みとく場合《ばあい》も、学校《がっこう》の授業《じゅぎょう》で基礎《きそ》ができている

↓

勉強《べんきょう》

↓

仕事《しごと》

これからも勉強《べんきょう》がんばる！

こんなふうにね！

勉強《べんきょう》をがんばった人《ひと》は、むずかしい仕事《しごと》にも、自信《じしん》を持《も》って取《と》り組《く》めるよ!!
そうするとまわりからみとめられるし、やりがいを持《も》てる!
リコちゃんならきっといいデザイナーになれるよ!
わーうれしい!!
もしリコちゃんがデザイナーになったら、オレがモデルやってやるよ!!
わーい!今《いま》、頭《あたま》の中《なか》にデザインが浮《う》かんだよ!!
リコちゃんのファッションショーが実現《じつげん》したらこんな感《かん》じ!
ピカー
かっこいい?
時間割《じかんわり》をイメージしたファッション
月 金 土
1 国語 社会 算数 体育 国語
2 算数 理科 社会 国語 図工
3 体育 家庭科 国語 算数 体育
4 理科 道徳 理科 音楽 算数
5 総合
想像以上《そうぞういじょう》にダサいわ!!
スタスタ

魅力的《みりょくてき》な人《ひと》のもとに人《ひと》は集《あつ》まり、仲間《なかま》ができる！

なぜ勉強《べんきょう》するんだろう？　それは魅力的《みりょくてき》な人間《にんげん》になるため、といえる。いろいろなことを知《し》っていて、楽《たの》しい話《はなし》ができて、頼《たよ》りになる人《ひと》。そんな人《ひと》に、きみはあこがれないかな？　勉強《べんきょう》すれば、そういう人《ひと》になれるんだよ。魅力的《みりょくてき》な人《ひと》のもとには多《おお》くの人《ひと》が集《あつ》まる。将来《しょうらい》、仕事《しごと》についたときも、たくさんの仲間《なかま》ができれば、話《はな》し合《あ》うことでよりよい結果《けっか》が得《え》られる。そう、勉強《べんきょう》は仕事《しごと》にも役立《やくだ》つんだ。どんな仕事《しごと》についたとしてもね。学校《がっこう》でやった勉強《べんきょう》は必《かなら》ず生《い》かされる。信《しん》じて勉強《べんきょう》しよう。

勉強《べんきょう》する目的《もくてき》には3つの柱《はしら》がある

オサムはパン職人《しょくにん》でリコはファッションデザイナーか…オレは何《なに》になろうかな
虫《むし》や生《い》き物《もの》は好《す》きだけど、どんな仕事《しごと》があるのかよくわからないしな…
とりあえず、勉強《べんきょう》すれば多《おお》くのお金《かね》をかせぐチャンスがあることは確《たし》かだよ
勉強《べんきょう》すれば給料《きゅうりょう》の高《たか》い会社《かいしゃ》に入《はい》れるかもしれないからね
給料《きゅうりょう》の高《たか》い会社《かいしゃ》って？

景気《けいき》のいい会社《かいしゃ》
そういう会社《かいしゃ》の人《ひと》は勉強《べんきょう》して、これからも好調《こうちょう》を続《つづ》けていかなければならないんだ！
だから、勉強《べんきょう》してきてこれからも勉強《べんきょう》する人《ひと》を入社《にゅうしゃ》させたいと考《かんが》える
ナントカ株式会社
そうか…同《おな》じ仕事《しごと》をするならお金《かね》を多《おお》くもらえたほうがいいもんな～
そうだね！お金《かね》は大切《たいせつ》だからね!!
父《とう》ちゃんが働《はたら》いているのは給料《きゅうりょう》の高《たか》い会社《かいしゃ》？
ギク
まあまあかな…

勉強《べんきょう》すると将来《しょうらい》の選択《せんたく》のはばが広《ひろ》がる

たくさん
勉強《べんきょう》する

→

仕事《しごと》をするための
免許《めんきょ》や資格《しかく》が
取《と》れる

- 学校《がっこう》の先生《せんせい》
- 幼稚園《ようちえん》の先生《せんせい》
- 医師《いし》
- 獣医師《じゅういし》
- 裁判官《さいばんかん》
- 弁護士《べんごし》

↓

採用《さいよう》!!

これからも
勉強《べんきょう》する人《ひと》と
みとめてもらえる

↓

給料《きゅうりょう》の高《たか》い会社《かいしゃ》に
入社《にゅうしゃ》できる
チャンスが増《ふ》える

そっか…
勉強《べんきょう》すると
いろいろな資格《しかく》や
免許《めんきょ》も取《と》れるから、
職業《しょくぎょう》の
はばが広《ひろ》がる！

勉強《べんきょう》する目的《もくてき》は「3つの柱《はしら》」!

動物《どうぶつ》たちとはちがった人間《にんげん》らしい生活《せいかつ》をするため
魅力《みりょく》ある人間《にんげん》、いい仕事《しごと》ができる人間《にんげん》になるため
将来《しょうらい》、お金《かね》をたくさんかせげるようになるため
3つもあるのかー!!

そうだな…将来《しょうらい》のために勉強《べんきょう》することは大事《だいじ》だが
ケントのいいところは、とくに理由《りゆう》もなく虫《むし》や生《い》き物《もの》が好《す》きなことだろ
勉強《べんきょう》って、そもそもそんな純粋《じゅんすい》な好奇心《こうきしん》だと思《おも》うんだ!
ポン

この先《さき》はどう
なってるのかな？
好奇心《こうきしん》で
カベをつきやぶる
ツンツン
これも
いってみよう！
えい！
変化《へんか》の大《おお》きい今《いま》の世《よ》の中《なか》に
求《もと》められているのは
好奇心《こうきしん》に満《み》ちた人間《にんげん》だから

その好奇心《こうきしん》を
大事《だいじ》に
するんだぞ！
わかった!!

好奇心《こうきしん》を持《も》てば、この世《よ》はおもしろいことだらけ！

知《し》れば知《し》るほど、知《し》りたいことがあらわれる

もっと知《し》りたい！
もっと勉強《べんきょう》して
楽《たの》しみたい！　と思《おも》うと、
なやんでいる時間《じかん》が
もったいなく
なるだろ！
お父《とう》さんは、好奇心《こうきしん》が
なやみにまさっていれば、
人間《にんげん》はもっともっと成長《せいちょう》
できるんじゃないかって
思《おも》うんだ
父《とう》ちゃんも
好奇心《こうきしん》あるの？
そりゃあるよ！
最近《さいきん》
ウチにいる
新種《しんしゅ》の
ざしきわらしは
どこから来《き》たん
だろう、とか…
宇宙人《うちゅうじん》や
言《い》うとるやろ!!

「知《し》りたい！」と思《おも》う気持《きも》ちがきみたちを成長《せいちょう》させるんだ！

勉強《べんきょう》する目的《もくてき》として、忘《わす》れてはならないことがある。それは、お金《かね》だ。勉強《べんきょう》をしておくと、給料《きゅうりょう》の高《たか》い会社《かいしゃ》に入《はい》れるチャンスが高《たか》まるんだ。人生《じんせい》、やはりお金《かね》はないよりあったほうが、行動範囲《こうどうはんい》が広《ひろ》がるよね。そして勉強《べんきょう》したことによって、職業《しょくぎょう》の選択肢《せんたくし》も増《ふ》えるんだよ。ただし、人生《じんせい》において大切《たいせつ》なものは、お金《かね》だけでないことも事実《じじつ》だ。人間《にんげん》というのは知的好奇心《ちてきこうきしん》に満《み》ちた動物《どうぶつ》だよね。知《し》りたい気持《きも》ちが人《ひと》を勉強《べんきょう》に向《む》かわせ、知《し》ったことで自分《じぶん》の世界《せかい》が広《ひろ》がる。そして、成長《せいちょう》できるんだ。

変化《へんか》する社会《しゃかい》を生《い》きぬく人《ひと》になるために

先生《せんせい》! これからの社会《しゃかい》は大《おお》きく変《か》わっていくって本当《ほんとう》ですか?
そうだね!
AI《エーアイ》(人工知能《じんこうちのう》)の発達《はったつ》などで大《おお》きな変革《へんかく》がもたらされる、と言《い》われているぞ!
わたしたち、社会《しゃかい》の変化《へんか》についていけるかしら?
それでは、今日《きょう》はこの本《ほん》を読《よ》みます!
おじいさんのランプ
新美南吉《にいみなんきち》の『おじいさんのランプ』!!

変化《へんか》をおそれず新《あたら》しいものに適応《てきおう》する『おじいさんのランプ』の話《はなし》

『おじいさんのランプ』

おじいさん（巳之助《みのすけ》）は、若《わか》いころ、町《まち》で手《て》に入《い》れたランプを村《むら》で売《う》って商売《しょうばい》を始《はじ》めた。商売《しょうばい》が繁盛《はんじょう》し結婚《けっこん》もして、幸《しあわ》せな日々《ひび》を送《おく》っていたが、文明《ぶんめい》の進歩《しんぽ》とともに、村《むら》にも電気《でんき》が引《ひ》かれることになった。電気《でんき》の時代《じだい》が来《く》ることを覚悟《かくご》した巳之助《みのすけ》は、売《う》り物《もの》のランプに火《ひ》を灯《とも》しては木《き》につるしていった。「わしの、商売《しょうばい》のやめ方《かた》はこれだ」。こう言《い》って、巳《み》之助《のすけ》は石《いし》を投《な》げてランプをすべて割《わ》り、気持《きも》ちの整理《せいり》をつけた。

『おじいさんのランプ』は、新《あたら》しい時代《じだい》をどう生《い》きるのか、その勇気《ゆうき》を考《かんが》えさせてくれる物語《ものがたり》だ。

新美南吉《にいみなんきち》（1913年《ねん》〜1943年《ねん》）

愛知県半田市《あいちけんはんだし》（当時《とうじ》は知多郡《ちたぐん》半田町《はんだちょう》）生《う》まれの児童文学作家《じどうぶんがくさっか》。4歳《さい》で母《はは》と死別《しべつ》し、養子《ようし》に出《だ》されて、さびしい幼少期《ようしょうき》を過《す》ごす。成績優秀《せいせきゆうしゅう》で中学生《ちゅうがくせい》のころから創作活動《そうさくかつどう》を始《はじ》めたが、体《からだ》が弱《よわ》く、29歳《さい》の若《わか》さで亡《な》くなった。彼《かれ》の死後《しご》、友人《ゆうじん》の巽《たつみ》聖歌《せいか》が力《ちから》をつくし、作品《さくひん》が評価《ひょうか》されるようになる。『ごん狐《ぎつね》』『手袋《てぶくろ》を買《か》いに』など、作品《さくひん》は今《いま》も広《ひろ》く読《よ》みつがれている。

『おじいさんのランプ』の話《はなし》のように、ひょっとしたら未来《みらい》の社会《しゃかい》は今《いま》とはすごくちがうものになるかもしれない
ピカー
タジッ
わたしはAI《エーアイ》ロボットです
それは無人《むじん》タクシー
TAXI
こちらは宅配《たくはい》ドローン
ウィーン
ブーン
勉強《べんきょう》していれば、そんな変化《へんか》もこわがることはないよ！

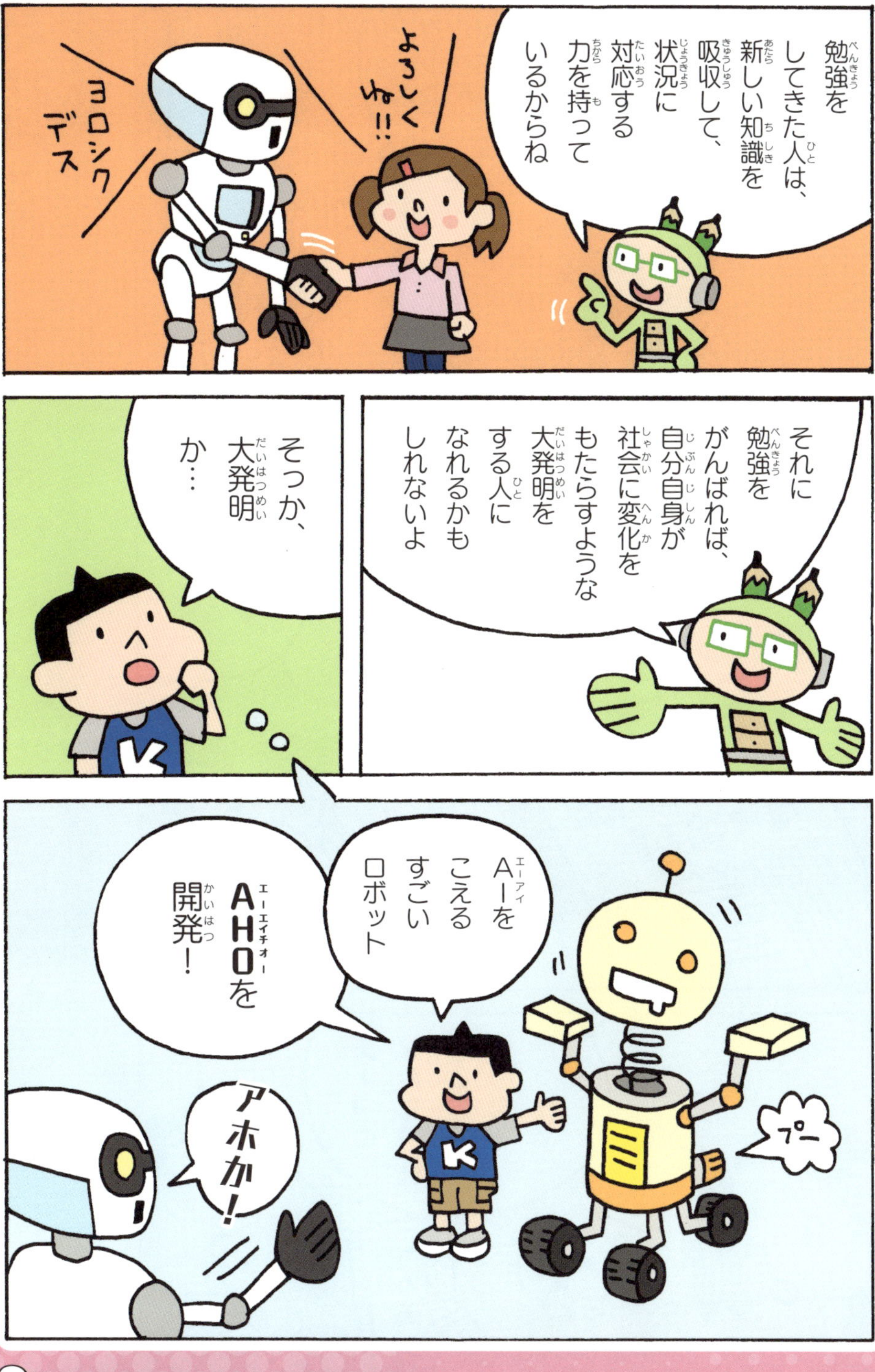
勉強《べんきょう》をしてきた人《ひと》は、新《あたら》しい知識《ちしき》を吸収《きゅうしゅう》して、状況《じょうきょう》に対応《たいおう》する力《ちから》を持《も》っているからね
よろしくね!!
ヨロシクデス
それに勉強《べんきょう》をがんばれば、自分自身《じぶんじしん》が社会《しゃかい》に変化《へんか》をもたらすような大発明《だいはつめい》をする人《ひと》になれるかもしれないよ
そっか、大発明《だいはつめい》か…
AI《エーアイ》をこえるすごいロボット
AHO《エーエイチオー》を開発《かいはつ》!
プー
アホか!

だれもが平等《びょうどう》で幸《しあわ》せになれる社会《しゃかい》へ

ケントくん いっしょに 帰《かえ》ろ!
あ! リコ ちゃん!
それ、何《なに》読《よ》んでたの?
コレ?
熱《あつ》田《た》先《せん》生《せい》に貸《か》してもらったんだけど、福《ふく》沢《ざわ》諭《ゆ》吉《きち》の本《ほん》で…
学問のすゝめ
福沢諭吉著
学問のすゝめ
えーっと、なんだっけ。「学問《がくもん》の…すゝめ」だっけ?
「すすめ」でしょ!!
昔《むかし》の書《か》き方《かた》だよ!
学問のすゝめ
福沢諭吉

天《てん》は人《ひと》の上《うえ》に人《ひと》を造《つく》らず
人《ひと》の下《した》に人《ひと》を造《つく》らず
っていうやつでしょ?
ナニそれ?
なんか聞《き》いたことあるけど…
人《ひと》は生《う》まれながらに平等《びょうどう》であって
「上《うえ》」や「下《した》」はない、ということを
言《い》った有名《ゆうめい》なことばだよ!
運動会《うんどうかい》のとき
人《ひと》の「下《した》」になって
つらかった
もんな~
う~
そういうこと
じゃないけど…

諭吉《ゆきち》はだれもが平等《びょうどう》で
幸《しあわ》せになれる社会《しゃかい》を
目指《めざ》すべき、
と考《かんが》えたんだ
ピカー
そのための
学問《がくもん》の大切《たいせつ》さを
説《と》いたのが
『学問《がくもん》のすゝめ《すすめ》』
なんだ

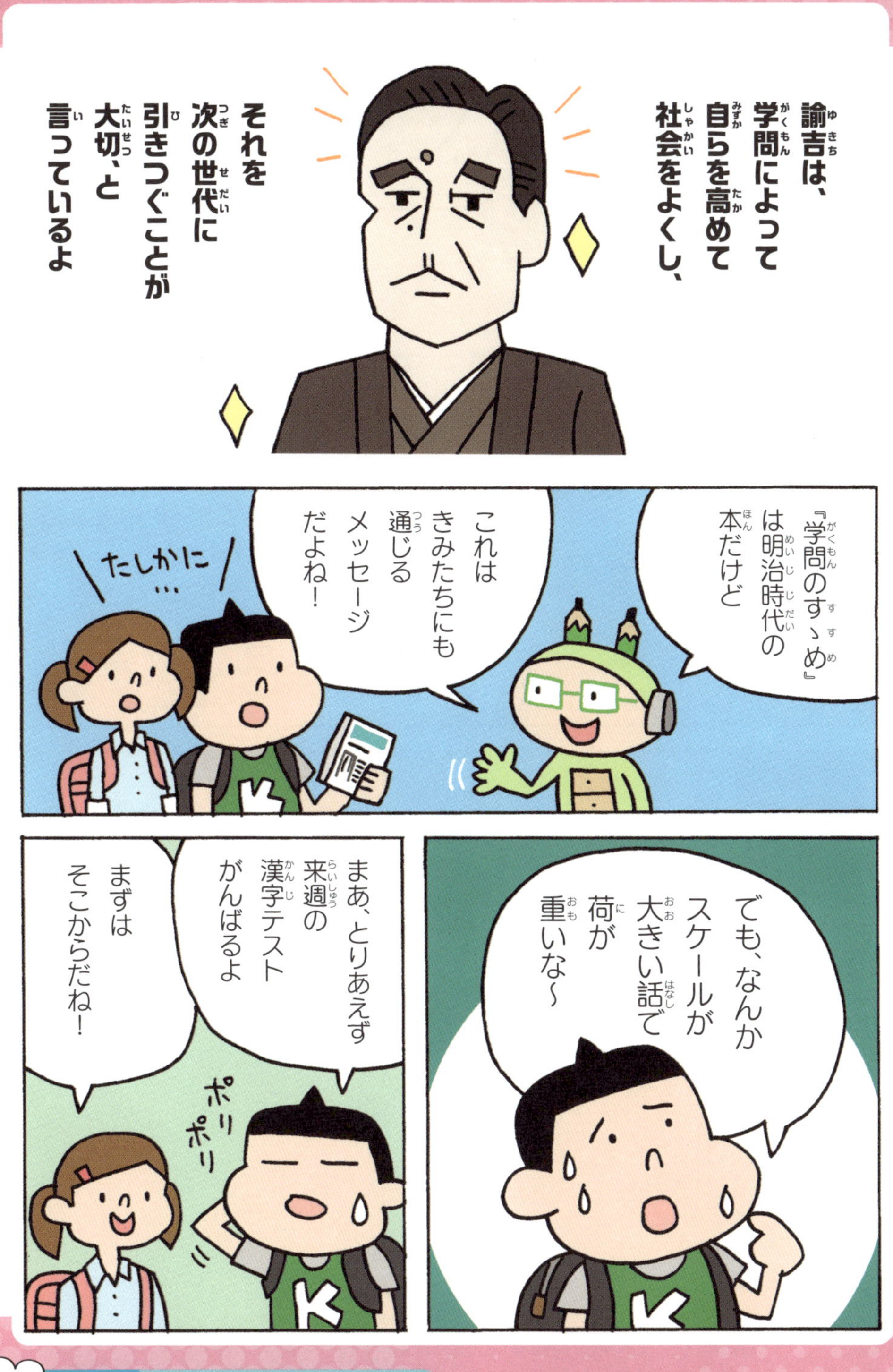

諭吉《ゆきち》は、学問《がくもん》によって自《みずか》らを高《たか》めて社会《しゃかい》をよくし、
それを次《つぎ》の世代《せだい》に引《ひ》きつぐことが大切《たいせつ》、と言《い》っているよ
『学問《がくもん》のすゝめ《すすめ》』は明治時代《めいじじだい》の本《ほん》だけど
これはきみたちにも通《つう》じるメッセージだよね！
たしかに…
でも、なんかスケールが大《おお》きい話《はなし》で荷《に》が重《おも》いな〜
まあ、とりあえず来週《らいしゅう》の漢字《かんじ》テストがんばるよ
ポリポリ
まずはそこからだね！

おーい!
オレもいっしょに帰《かえ》る!
オサムか…
オサムもこれ読《よ》めよ!
学問のすゝめ
福沢諭吉
ん?
学問《がくもん》の…すずめかな?
ヒャヒャヒャヒャヒャ
鳥《とり》かよ!
「すすめ」だよ!
ケントくんだって、さっき「すっめ」とか言《い》ってたくせに!
すすめか!
アハハハハ

よりよい社会《しゃかい》の実現《じつげん》。未来《みらい》はきみたちの手《て》の中《なか》にある！

これから、きみたちが大人《おとな》になるにつれ、社会《しゃかい》はますます変《か》わっていくだろう。人工知能《じんこうちのう》が進歩《しんぽ》して、人間《にんげん》の重要《じゅうよう》な仕事《しごと》の代《か》わりもしてくれるかもしれない。今《いま》ある職業《しょくぎょう》の多《おお》くがなくなり、新《あたら》しい仕事《しごと》がいくつも生《う》まれるのはまちがいないだろう。そんな社会《しゃかい》に適応《てきおう》するためにも、勉《べん》強《きょう》は必要《ひつよう》だ。そして、だれもがみな平等《びょうどう》で、平和《へいわ》な社会《しゃかい》ができるといいね。それを実現《じつげん》するためにも、そんな豊《ゆた》かな社会《しゃかい》を次世代《じせだい》に引《ひ》きつぐためにも、きみたちが勉強《べんきょう》をしっかり続《つづ》けることを期待《きたい》しているよ！

エピローグ

ただいまーっ!!
漢字《かんじ》テスト60点《てん》だったー
漢字テスト
60
まあ
前回《ぜんかい》30点《てん》だったことを思《おも》えば大《おお》きな進歩《しんぽ》か…
へへ
いちおう2倍《ばい》になったよ
マナビーの2B《ビー》えんぴつのおかげかな!!
2B
まだ信《しん》じてたか…

ということで、
ミッションを達成《たっせい》したので
ぼくは宇宙《うちゅう》に帰《かえ》ります！
えーっ!!
なんでだよ!!
なんで突然《とつぜん》帰《かえ》っちゃうの!?
グラ
グラ
ケントが100点《てん》取《と》れるまでめんどうみてくれるのかと思《おも》ってたわ…
ウァー
お母《かあ》さん！そんなにあっという間《ま》に100点《てん》取《と》るなんて、マンガの中《なか》でしか起《お》こりませんよ！
ガク
これもマンガでしょー

点数《てんすう》じゃないんだ！
ケントくんは大《おお》きな一歩《いっぽ》をふみ出《だ》したよね
勉強《べんきょう》する意味《いみ》を学《まな》び、
勉強《べんきょう》の心構《こころがま》えやコツを学《まな》んで
今《いま》では自分《じぶん》から取《と》り組《く》んでいる…
よし5分《ふん》でやるぞ！
よーいスタート!!

だから、ケントくんに教《おし》えることはもうないんだ……
マナビー……
マナビーが帰《かえ》っちゃうんだって!?
オサムくん リコちゃん…
さびしくなるな…
さようなら!
また来《き》てね!
マナビーいろいろ教《おし》えてくれてありがとう!
ガシッ
ハハハいいんだよ!

ぼくも地球《ちきゅう》に来《き》てケントくんに教《おそ》わったことがひとつある!!
何《なに》!?
パッ
ペン回《まわ》し!!
クルッ
シュタ
覚《おぼ》えたのかよ!
けっこううまい!
両手《りょうて》でもできるんだよ!
何《なに》それ、すごい速《はや》さ!
ヒュンヒュンヒュン
ヒュンヒュンヒュン
ヒュンヒュンヒュン
ヒュンヒュンヒュン
ということで、これからも勉強《べんきょう》がんばってね!!

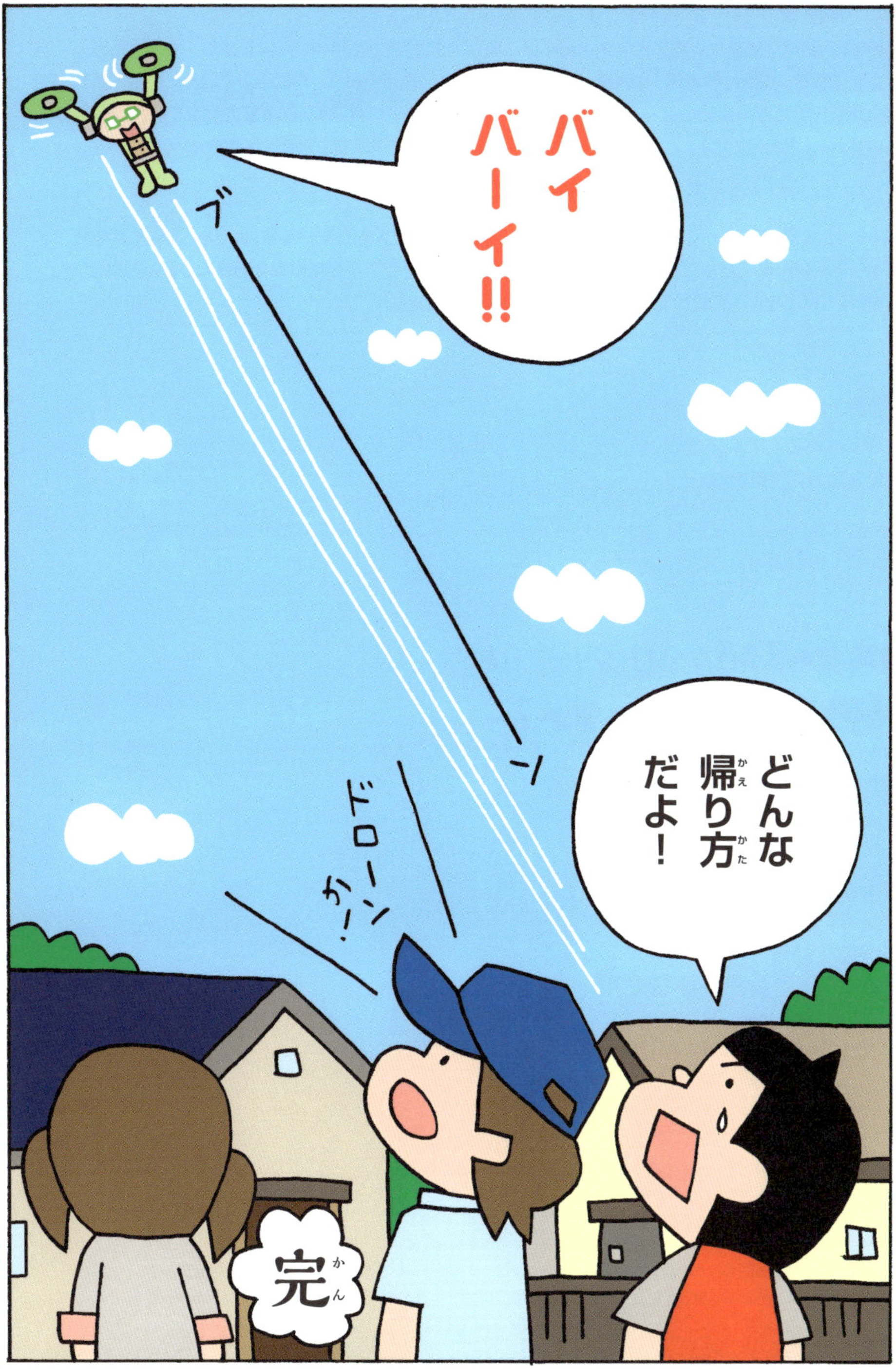

バイバーイ!!
ブーン
どんな帰《かえ》り方《かた》だよ!
ドローンか!
完《かん》

著　齋藤孝《さいとうたかし》

1960年、静岡県生まれ。東京大学法学部卒業。東京大学大学院教育学研究科を経て、現在は明治大学文学部教授。専門は教育学、身体論、コミュニケーション論。著書に、『声に出して読みたい日本語』（草思社）、『こども学問のすすめ』（筑摩書房）、『こども孫子の兵法』（日本図書センター）、『国語は語彙力！』（PHP研究所）ほか多数。NHK Eテレ「にほんごであそぼ」の総合指導も担当している。

マンガ　いぢちひろゆき

1969年、大阪府出身。イラストレーター、マンガ家。立命館大学文学部卒業後、女性誌編集者を経てイラストレーターとして独立。とんちのきいたマンガとイラストが持ち味。著書に、『全日本顔ハメ紀行』（新潮社）、『底ぬけ父子手帳』（講談社）などがある。

● 企画・編集／オフィス303
● 装丁・本文デザイン／松川ゆかり（オフィス303）
● 編集協力／入澤宣幸

本書は、「齋藤孝のガツンと一発」シリーズ第1巻『勉強なんてカンタンだ！』（PHP研究所）を大幅に加筆修正し、マンガ化したものです。

齋藤孝の「負けない！」シリーズ①

勉強ってしなくちゃダメ？

2018年9月18日　第1版第1刷発行

著　者　齋藤　孝
マンガ　いぢちひろゆき
発行者　瀬津　要
発行所　株式会社PHP研究所
東京本部　〒135-8137　江東区豊洲5-6-52
児童書出版部　TEL 03-3520-9635（編集）
児童書普及部　TEL 03-3520-9634（販売）
京都本部　〒601-8411 京都市南区西九条北ノ内町11
PHP INTERFACE　https://www.php.co.jp/
印刷所・製本所　図書印刷株式会社

ISBN978-4-569-78788-6

NDC 913　159P　22cm